pal praktisch anwendbare Lebenshilfen

HEIKE ABT · GERT KOWAROWSKY

Emotionale Abhängig-keiten

Wie du sie erkennst und dich daraus befreist

PAL

PAL Verlagsgesellschaft mbH
Seit über 40 Jahren der Verlag für praktisch anwendbare Lebenshilfen erfahrener Psychotherapeutinnen und -therapeuten.

Bibliografische Information der Deutschen Nationalbibliothek.
Die Deutsche Nationalbibliothek verzeichnet diese Publikation in der Deutschen Nationalbibliografie, abrufbar im Internet über http://dnb.d-nb.de

Rilkestr. 10, 80686 München
info@palverlag.de
www.palverlag.de
ISBN 978-3-910253-10-0
2. Auflage 2025

Redaktion und Lektorat: Melanie Haizmann
Korrektur: Anne-Sophie Zähringer
Covergestaltung: Karin Etzold
Coverabbildung: © Adobe Stock/F16-ISO100
Abbildungen Inhalt: © Adobe Stock/oxyggen
Satz: Grafik + Druck digital K.P. GmbH, München
Druck: Druckhaus Sportflieger GmbH, Berlin

FSC www.fsc.org
MIX
Papier | Fördert gute Waldnutzung
FSC® C104586

Inhalt

Liebe Leserin, lieber Leser,

in einer Welt, in der wir ständig vernetzt und von einer Flut an Informationen und Reizen umgeben sind, verlieren wir leicht den Fokus auf uns selbst. Wir suchen nach Erfüllung und Zufriedenheit im Außen, ohne zu bemerken, dass wir uns immer stärker an Äußerlichkeiten binden: Wir verlieren uns in der Jagd nach Anerkennung, materiellem Besitz oder dem Streben nach scheinbarer Perfektion, nach dem nächsten technologischen Gadget oder dem neuesten Modetrend. Doch je mehr wir uns an diese äußeren Quellen klammern, desto mehr entfremden wir uns von unserem wahren Selbst.

Wir übergeben uns Dingen, die wir besitzen – die aber letztendlich uns besitzen. Tätigkeiten, die wir ausüben, um uns selbst zu definieren – die aber stattdessen uns kontrollieren. Und Beziehungen, die uns Halt geben sollen – die uns aber viel zu oft hemmen. Denn obwohl uns all dies vorübergehend Trost und Sicherheit bieten kann, kann es uns auch gefangen halten und uns daran hindern, unser volles Potenzial zu entfalten.

Diese Verstrickungen können wir als Abhängigkeiten bezeichnen – denn unser Gefühlsleben, unsere Selbstwahrnehmung und unsere Identität werden stark davon beeinflusst. Wir verlieren unsere Selbstbestimmung. Dieses Buch lädt dich ein, dein eigenes Verhältnis zu unterschiedlichen emotionalen Abhängigkeiten zu erkunden. Es geht um die Konstrukte, die uns gefangen halten, und um die Wege, wie wir uns davon befreien können.

Zuerst werden wir uns also den verschiedenen Aspekten der emotionalen Abhängigkeit widmen. Wir werden die subtilen Mechanismen untersuchen, die uns dazu bringen, uns an Menschen zu klammern, uns an materielle Dinge zu binden und uns in bestimmten Tätigkeiten zu verlieren. Doch dieses Buch ist nicht nur eine Bestandsaufnahme der Probleme, es dient auch als ein Wegweiser zur emotionalen Freiheit.

Wir laden dich ein, Strategien und Übungen zu entdecken, die dir dabei helfen, dich von den Fesseln der Abhängigkeit zu lösen und ein eigenständiges Leben zu führen. Stell dich selbst wieder ins Zentrum deines Lebens, erkenne deine Bedürfnisse und setze deine eigenen Grenzen.

Im ersten Schritt lernst du, die Muster zu erkennen, die dich gefangen halten, und Werkzeuge zu finden, um dich von der emotionalen Abhängigkeit zu befreien. Im zweiten Schritt zeigen wir dir konkrete Strategien und Übungen, mit denen du deine eigene Stärke und Autonomie zurückgewinnen und ein Leben führen kannst, das auf deinen eigenen inneren Werten und Bedürfnissen basiert.

Herzlich

Heike Abt und Gert Kowarowsky

Freiheit und Verbundenheit

Wir Menschen werden als soziale Wesen geboren, denn nur in Gruppen konnten und können wir überleben. Wir alle tragen seit jeher ein tiefes Bedürfnis nach Bindung und Interaktion mit anderen in uns.

Es ist in unserer DNA verwurzelt und geht weit über die bloße Notwendigkeit des Überlebens hinaus: Wir sehnen uns regelrecht nach Verbundenheit, nach dem Gefühl, dass wir Teil einer Gemeinschaft sind, die uns unterstützt, versteht und annimmt.

Schon von Geburt an suchen wir nach der Nähe und dem Trost unserer Eltern oder Bezugspersonen. Wir entwickeln enge Bindungen, die uns Sicherheit und Geborgenheit bieten, und knüpfen im Laufe unseres Lebens Freundschaften, Partnerschaften und andere zwischenmenschliche Beziehungen, die uns auf vielfältige Weise bereichern.

Durch den Austausch mit anderen Menschen können wir unsere Gedanken teilen, unsere Gefühle ausdrücken und unsere Erfahrungen gemeinsam reflektieren. So entsteht ein Raum des Verstehens und der Unterstützung, in dem wir uns gegenseitig ermutigen, wachsen und entfalten können. Die Interaktion mit anderen eröffnet uns die Möglichkeit, uns selbst besser kennenzulernen. Die Gesellschaft anderer Menschen ist wie ein Spiegel – hier können wir unsere Stärken und Schwächen erkennen, unsere Sichtweise erweitern und uns weiterentwickeln.

Es ist der soziale Kontext, der uns hilft, unsere Identität zu formen und uns in der Welt zurechtzufinden.

Verbundenheit erfüllt ganz unterschiedliche Aufgaben:

- **Befriedigung von emotionalen Bedürfnissen:** Verbundenheit gibt uns das Gefühl von Geborgenheit, Sicherheit und Zugehörigkeit. Wir fühlen uns unterstützt und verstanden, wenn wir in der Nähe von Menschen sind, mit denen wir uns verbunden fühlen.

- **Reduktion von Stress:** Wenn wir das Gefühl haben, Teil einer Gemeinschaft oder eines Netzwerks zu sein, können wir uns entspannen und uns auf die positiven Aspekte des Lebens konzentrieren.

- **Unterstützung in schwierigen Zeiten:** Eine starke soziale Unterstützung kann uns in schweren Zeiten motivieren und helfen, diese Situationen zu überstehen.

- **Verbesserung der psychischen Gesundheit:** Menschen, die sich verbunden fühlen, sind in der Regel glücklicher, zufriedener und haben ein höheres Selbstwertgefühl. Sie fühlen sich aufgehoben und wissen, wo sie hingehören.

Kurzum: Ohne andere Menschen können und wollen wir nicht sein. Wir müssen mit anderen verbunden sein, um ein erfülltes und zufriedenes Leben zu führen – Verbundenheit ist ein Grundbedürfnis. Dieses Grundbedürfnis steht jedoch oft in Konflikt mit einem anderen – dem nach Freiheit. Wir alle müssen für uns ganz persönlich eine Balance zwischen diesen beiden Polen finden: Verbundenheit auf der einen Seite, Freiheit auf der anderen. Wo genau wir zwischen diesen beiden Polen stehen, hängt von unserem individuellen Bindungsverhalten ab und kann sich von Mensch zu Mensch stark unterscheiden.

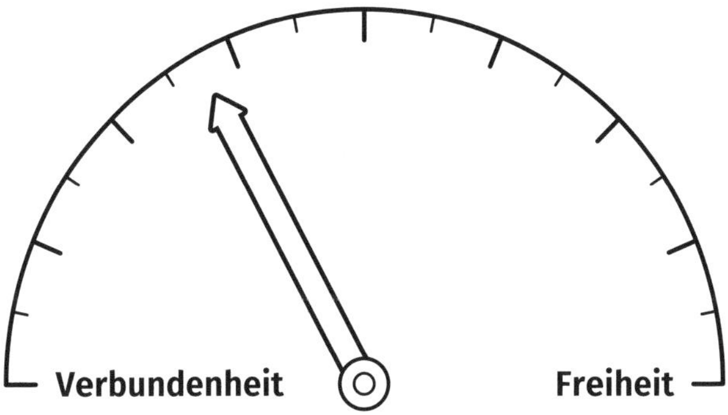

Mit wem hast du enge Verbindungen mit deinem Leben?
Und welchen Stellenwert haben deine persönlichen
Beziehungen für dich?

Um eine Balance zu finden, müssen wir uns bewusst sein, dass beide Bedürfnisse wichtig sind – hier gibt es kein Entweder-oder. Die Aspekte in Einklang zu bringen, erfordert ein hohes Maß an Selbstreflexion – es kann bedeuten, Kompromisse einzugehen und Verhaltensweisen zu ändern, um in Verbundenheit mit anderen unsere Gemeinschaft hinreichend frei gestalten zu können.

Freiheit ist der Zustand, in dem jemand frei von bestimmten persönlichen oder gesellschaftlichen Bindungen oder Verpflichtungen ist, die als Zwang oder Last empfunden werden. Freiheit ist ein Gefühl der Unabhängigkeit und in Entscheidungen nicht eingeschränkt zu sein.

Verbundenheit bedeutet in ihrer gesündesten Form, sich frei zu fühlen innerhalb selbst gewählter Verbindungen – zu spüren, ein Teil des Ganzen zu sein und das Ganze als unterstützend für das Eigene zu erleben.

Um besser zu verstehen, wie diese beiden Dinge zusammenspielen, nehmen wir uns am besten ein Wertschätzungsquadrat nach Schulz von Thun zu Hilfe.

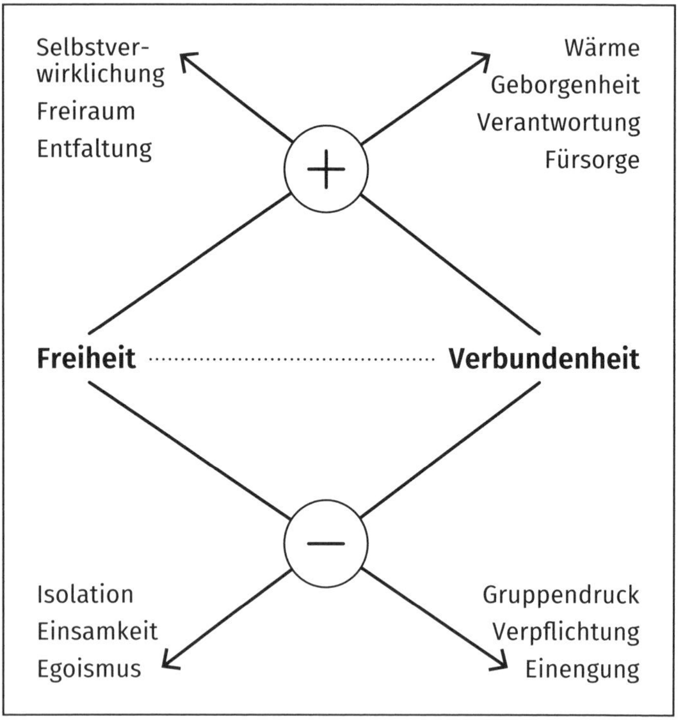

Was assoziierst du mit Freiheit und Verbundenheit im positiven wie im negativen Sinne?

Durch diese Betrachtungsweise können wir die unterschiedlichen Seiten von Freiheit und Verbundenheit verdeutlichen. Es zeigt sich, dass Freiheit auf der positiven Seite Begriffe wie Selbstverwirklichung oder Entfaltung bedeuten kann, auf der negativen Seite aber auch Isolation und Einsamkeit. Verbundenheit wiederum können wir auf der positiven Seite mit Wärme und Fürsorge assoziieren, auf der negativen Seite eher mit Verpflichtung und Einengung.

Wo genau wir unsere eigenen Schwerpunkte setzen, hängt von unserer Persönlichkeit und unserer Biografie ab. Hast du Lust, jedes Wochenende auf eine große Familienfeier zu gehen oder verbringst du deine freie Zeit lieber in Ruhe? Kannst du dir vorstellen, alle deine Zelte abzubrechen und in ein dir fremdes Land auszuwandern, wo du niemanden kennst?

Wie du persönlich über diese Fragen denkst, ist stark davon geprägt, wo du deine eigenen Schwerpunkte im Rahmen des Quadrates setzt. Es hängt ganz von deiner Persönlichkeit und deinen Erfahrungen ab, wie du Freiheit und Verbundenheit wahrnimmst: In welchem Umfeld bist du aufgewachsen, welchen Job führst du aus, wie sieht deine private Situation aus?

Darüber hinaus ist die Wahrnehmung von Freiheit und Verbundenheit auch immer kulturell geprägt: Was als erstrebenswert gilt, variiert zwischen unterschiedlichen Kulturkreisen. In Westeuropa etwa wird Freiheit vergleichsweise höher bewertet als in Südeuropa oder in vielen asiatischen Ländern. Westeuropäisch sozialisierte Personen sind stark auf persönlichen Freiraum und Selbstverwirklichung ausgerichtet. In eher auf das Kollektiv, die Gruppe oder die Familie ausgerichteten Kulturkreisen dagegen könnte diese individualistische Art der Selbstentfaltung auch als Egoismus und/oder Isolation ausgelegt werden. Auch wenn jede und jeder von uns eigene Vorstellungen von Freiheit und Verbundenheit hat, bewegen wir uns dennoch immer in unserem kulturell geprägten Rahmen.

Jedoch selbst dann, wenn unser persönlicher Schwerpunkte auf der Seite der Verbundenheit liegt, sind wir noch lange nicht von einer emotionalen Abhängigkeit betroffen. Denn Verbundenheit (ohne die der Mensch nicht leben kann) und Abhängigkeit sind sehr unterschiedliche Dinge.

Abhängigkeit bedeutet, ohne etwas nicht mehr leben zu können oder einen zwanghaften Drang zu verspüren, ein bestimmtes Verhalten auszuüben. Unterschieden wird zwischen stoffgebundener Abhängigkeit (etwa von Alkohol oder Medikamenten) und nicht stoffgebundener Abhängigkeit (etwa von Spielen oder Kaufen). Wer von etwas abhängig ist, richtet das gesamte Verhalten, oft sogar das ganze Leben, daran aus, dieses spezifische Verlangen zu stillen. So kann etwa ein übermäßig starkes Bindungsverhalten dazu führen, dass sich Menschen zu sehr an andere klammern und Schwierigkeiten haben, unabhängig zu sein.

Abhängigkeit oder Sucht?

Wenn wir von Abhängigkeit sprechen, gelangen wir irgendwann auch zum Thema Sucht. Beides ist eng verwandt, aber dennoch zu unterscheiden. Abhängigkeit bezeichnet nur die gefühlte Notwendigkeit, eine bestimmte Substanz zu konsumieren oder ein Verhalten auszuführen. Sucht geht noch einen Schritt weiter und ist durch chronisches, oft sogar schädliches Verhalten gekennzeichnet.

Süchtige haben ein übermäßiges Verlangen nach etwas und die Tendenz, den Konsum oder ihr Verhalten immer weiter zu steigern. Der überwiegende Teil des Verhaltens richtet sich darauf aus, die Substanz oder den Verhaltensbereich zu bekommen oder sich davon zu erholen. Werden Süchtige daran gehindert, ihr Verlangen zu stillen, kommt es zu Entzugserscheinungen.

Wenn wir also über emotionale Abhängigkeiten sprechen, müssen wir immer im Hinterkopf behalten, dass der Mensch nach Verbundenheit strebt. Denn dieses tief verwurzelte Bedürfnis nach Bindung und zwischenmenschlicher Nähe kann zu ungesunden Dynamiken führen, in denen wir uns übermäßig an andere Menschen, Dinge oder Tätigkeiten klammern. Emotionale Abhängigkeiten entstehen oft dann, wenn wir unsere eigene innere Stärke und Unabhängigkeit vernachlässigen. Anstatt Selbstliebe, Selbstachtung und Selbstwert zu entwickeln, suchen wir verzweifelt nach Bestätigung und Erfüllung im Außen – und vergessen, wer wir selbst sind.

Lerne dich selbst kennen

Wir alle haben uns wahrscheinlich schon einmal gefragt: Wer bin ich? Und warum bin ich eigentlich die Person, die ich bin? Ich bin eine Frau. Ich bin Juristin. Ich bin Handballer. Ich bin Vater von ... Ich bin Europäerin. Ich bin homosexuell. Auf die Frage nach der eigenen Identität haben die meisten von uns zumindest auf den ersten Blick unterschiedliche Antworten. Bei genauerer Betrachtung haben diese Aussagen alle eines gemeinsam: Sie beziehen sich meist auf etwas Anderes, Äußeres, Abgrenzendes – etwas Vergleichbares. Wenn wir über uns selbst sprechen, setzen wir uns zu anderen in Relation.

Ein Ich ist ohne die anderen nicht denkbar, denn wir definieren uns immer im Vergleich und in Abgrenzung zu anderen. Im Laufe unserer Identitätsentwicklung stellen wir automatisch und unbewusst diese Fragen:

- Wer sind die anderen?
- Wo gleiche ich den anderen?
- Wo unterscheide ich mich von anderen?

Mit den Antworten auf diese Fragen entsteht unsere persönliche Ich-Identität. Früher ging man davon aus, dass sich Identität und Persönlichkeit im Jugendalter formen. Mittlerweile ist klar, dass es sich bei der Identitätsbildung um einen lebenslangen Prozess handelt. Zwar haben vor allem Lebensereignisse im frühen Erwachsenenalter einen großen Einfluss auf die Identität – etwa das Ergreifen eines Berufs oder die Gründung einer Familie – aber auch früher und später finden lebensbestimmende Ereignisse statt, etwa die Geburt eines Geschwisterkinds, die Geburt eines Enkelkinds oder der

Eintritt in den Ruhestand. Im Grunde genommen sind wir niemals damit fertig, wir selbst zu werden, denn unsere Identität ist wandelbar und reagiert auf Einflüsse von außen. Wir feilen beständig an unserem Ich-Bild, ergänzen, formen und gleichen ab.

Unser Ich-Bild ist auch immer kulturell beeinflusst – die Ausprägung unserer Persönlichkeit ist eingegliedert in die kulturellen Denk-, Fühl- und Handlungsweisen, in denen wir aufgewachsen sind. In der Familie, im Kindergarten, in Schule und Ausbildung werden wir ganz unbewusst hineinerzogen in bestimmte kulturelle Regeln, etwa wie wir miteinander reden sollten („Lass mich aussprechen!"), wie wir uns fühlen sollten, wenn wir einen Fehler gemacht haben (schuldig) und wie körperlich nah wir uns kommen dürfen. Dieser Prozess heißt Enkulturation. Alle Menschen entwickeln ihren sogenannten Charakter, ihre Vorlieben und Talente also nicht nur aufgrund ihrer angeborenen Eigenschaften, sondern auch als Mitglieder einer Gruppe, in der bestimmte Normen und Werte gelten. So haben auch kulturelle Regeln Einfluss darauf, wie eine Person zu den Bedürfnissen Verbundenheit und Freiheit steht – und damit einen Einfluss auf die Zusammensetzung der Ich-Identität.

Du bist ein Puzzle

Willst du nun eine Antwort geben auf die Frage „Wer bin ich?", dann wird dir dafür wahrscheinlich keiner der oben genannten Drei-Wort-Sätze reichen. Denn du bist mehr als eine Frau, eine Juristin, ein Handballer, Vater oder homosexuell – du hast viele Facetten! Deine Identität kannst du dir vorstellen wie ein Puzzle, das sich aus unterschiedlich großen Teilen zusammensetzt. Je größer ein Puzzleteil ist, desto stärker ist dieser Aspekt deiner Identität ausgeprägt. Die Puzzleteile können so vielfältig wie das Leben sein: „zuverlässiger Freund“, „gute Tochter“, „Vater“, „Chefin“ – viele Aspekte setzen das Puzzle einer Person zusammen.

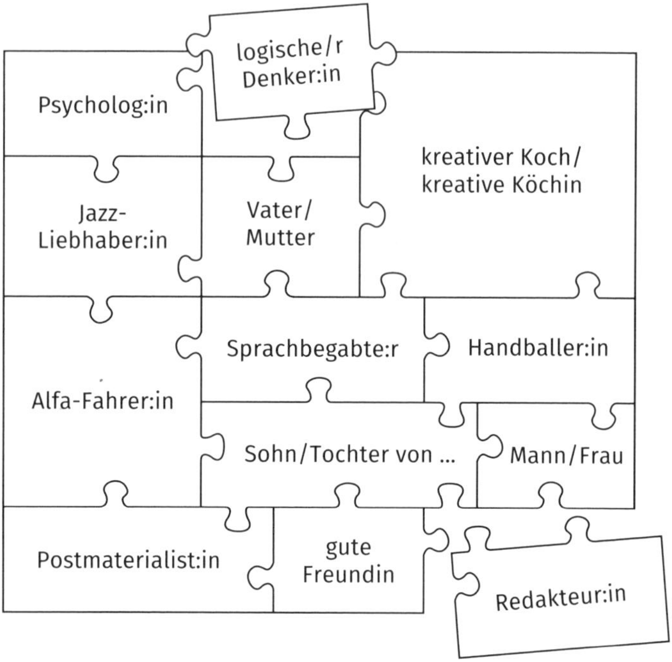

Diese Identitätsanteile entstehen auf viele unterschiedliche Arten: Sie können in unserer Persönlichkeit begründet sein, über Gruppenzugehörigkeit entstehen oder über spezifische Interessen und Talente ausgebildet werden. Über die Jahre kommen immer wieder Aspekte hinzu, andere fallen weg – „Mutter“ oder „Vater“ etwa ist man ja nicht von Geburt an, auch einen Beruf ergreift man später im Leben und man kann ihn wechseln.

Die Frage ist: Was geschieht, wenn uns eines dieser Puzzleteile abhandenkommt oder weggenommen wird? Ist es so groß, dass wir dann unser eigenes Bild nicht mehr erkennen können? Oder können wir trotz des leeren Flecks noch sagen, wer wir selbst sind? Kann vielleicht der nun freie Bereich neu befüllt werden und so ein wichtiger Teil meiner positiv veränderten Ich-Identität?

Wenn wir hier im Bild des Identitäts-Puzzles denken, wird relativ schnell klar: Je mehr Teile dieses Puzzle hat, desto besser können fehlende, weggenommene oder zerstörte Teile ausgeglichen werden – denn desto stabiler ist die Identität einer Person im Ganzen.

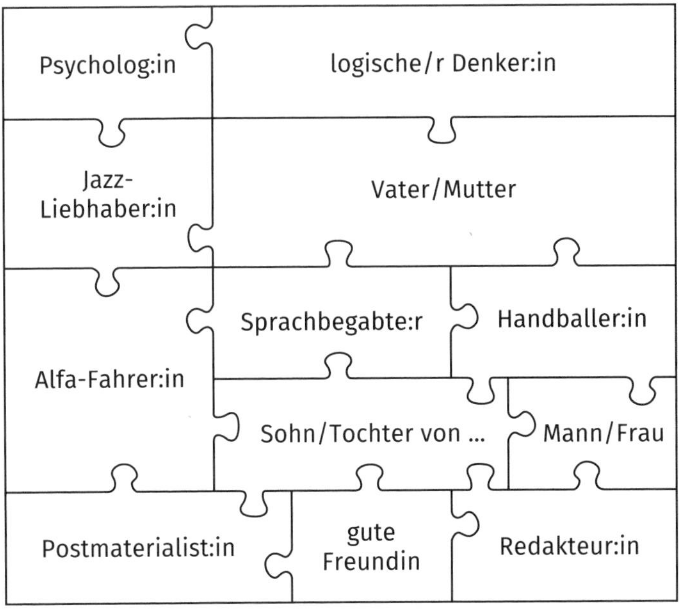

Manchmal konzentrieren wir uns eine Zeitlang im Leben verstärkt auf nur einen Bereich des Puzzles. Haben sie nicht automatisch das Nachsehen, wenn sie vernachlässigt werden? So kann es passieren, dass wir vor lauter Eltern-Sein unseren Anteil „beste Freundin" oder „bester Freund", „fitte Sportlerin" oder „fitter Sportler" nicht pflegen. Wir haben einen tollen, aber fordernden Job und füttern unser „Karriere"-Puzzleteil, vergessen dabei aber „Tochter" oder „Sohn", „Partner" oder „Partnerin" zu sein. Bestimmte Puzzleteile unseres Ich-Bildes sind dann besonders groß und drücken andere an den Rand. Das ist vollkommen normal und darf so sein. Wir sollten allerdings immer wieder bewusst darauf achten, dass alle Teile unseres Puzzles ihren nötigen Raum bekommen – sonst ist die Gefahr groß, dass wir uns ausschließlich nur über einen Bereich unseres Lebens definieren. Sollte dieser Bereich durch besondere Umstände jedoch wegfallen, dann würde eine ganze Ich-Identität gefährlich ins Wanken geraten.

Schwierige, identitätsverändernde Ereignisse können jederzeit im Leben stattfinden. Mögliche Gründe, warum sich die Zusammensetzung des Puzzles ändern kann, sind etwa:

- Umzug/Verlust der Wohnumgebung
- Tod einer nahestehenden Person
- Wechsel/Verlust der Arbeitsstelle
- Geburt eines Kindes
- Ende einer Beziehung/Scheidung
- Unfall/schwere Krankheit
- Folgen von Naturkatastrophen

- Schwere Niederlagen in relevanten Bereichen
- und vieles mehr

Es kann auch sein, dass sich nicht die äußeren Umstände ändern, sondern unsere innere Einstellung zu bestimmten Lebensbereichen. Vielleicht haben wir einen Job, sind aber unzufrieden damit. Wir sind in einer langjährigen Partnerschaft, aber leben aneinander vorbei. Wir haben Kinder, aber uns erfüllt die Elternrolle einfach nicht so wie erwartet – wir sehnen uns nach etwas anderem. Oder wir verschieben unsere Prioritäten und möchten anderen Puzzleteilen mehr Raum geben.

Fällt aber plötzlich – und vielleicht auch ungewollt – ein großer Bereich unseres Puzzles einfach weg, erkennen wir uns manchmal selbst nicht. Wir fühlen uns leer und wertlos, ein Teil unserer Identität scheint verloren und der entstandene Freiraum ist noch nicht ausgefüllt. Wir wissen nicht mehr, was uns ausmacht und wer wir sind – und das kann eine große Krise auslösen. Einige Beispiele dafür sind die folgenden:

Das Empty-Nest-Syndrom

Viele Eltern empfinden Trauer, Einsamkeit, Verlust und Unsicherheit, wenn ihre Kinder erwachsen werden, das elterliche Zuhause verlassen und ein eigenes Leben beginnen. Es kann auch auftreten, wenn die Kinder für längere Zeit von zu Hause weg sind, zum Beispiel für Studienaufenthalte oder eine längere Reise. Die Symptome reichen von Traurigkeit und Weinen wegen der Abwesenheit der Kinder bis hin zu körperlichen Beschwerden wie Schlaflosigkeit und Magen-Darm-Problemen.

Das Empty-Nest-Syndrom kann sowohl von Müttern als auch von Vätern erlebt werden und tritt in der Regel auf, wenn Eltern jahrelang für ihre Kinder gesorgt haben und sich plötzlich ohne diese Verantwortung wiederfinden. Es kann auch mit dem Alterungsprozess der Eltern und der räumlichen Entfernung zu ihren Kindern in Zusammenhang stehen.

Ruhestandskrise/Ruhestandsdepression

Auch die Leere nach Renteneintritt hat einen eigenen Namen: Sie wird oft als Ruhestandsdepression oder Ruhestandskrise bezeichnet. Ähnlich wie beim Empty-Nest-Syndrom fühlen sich viele Menschen nach dem Eintritt in den Ruhestand leer, verloren oder unsicher hinsichtlich ihrer Identität und ihres Lebenssinns, insbesondere wenn sie sich zuvor stark mit ihrer Arbeit identifiziert haben. Das kann sich in Symptomen wie Traurigkeit, Langeweile, Einsamkeit, Schlaflosigkeit oder körperlichen Beschwerden äußern.

Ehemalige Leistungssportler oder -sportlerinnen

Nicht weniger einschneidend ist der Wechsel von der aktiven Phase im Leistungssport zur alters- oder verletzungsbedingten Phase passiver oder nur noch eingeschränkt aktiver Sportausübung. Neben nachvollziehbaren depressiven Reaktionen finden sich auch Beispiele ehemals erfolgreicher Sportlerinnen und Sportler, die dann eine neue identitätsstiftende Aufgabe für sich finden: Viele geben ihr Wissen und ihre Erfahrungen an die noch aktiv Sporttreibenden weiter und trainieren diese, andere nutzen ihren Promistatus, um Stiftungen zu gründen oder für bestimmte Werte einzutreten.

Diese drei Beispiele haben alle eines gemeinsam: Ein Identitätsanteil spielt eine tragende, herausragende Rolle bei der Antwort auf die Frage „Wer bin ich?“. Wenn das der Fall ist, ist die Gefahr einer emotionalen Abhängigkeit vorhanden.

Was es bedeutet, wenn uns Teile unserer Identität einfach entzogen werden, konnten wir vermutlich alle während der Lockdowns zu Corona-Zeiten erleben. Die Erfahrungen waren ganz unterschiedlich, trotzdem mussten wir alle mit massiven Einschnitten im alltäglichen Leben zurechtkommen. Während die einen ihren Beruf nicht mehr ausüben konnten, litten die anderen unter der sozialen Isolation: Sporttrainings konnten nicht stattfinden, Chöre, Stammtische, Gruppen aller Art fielen aus, öffentliche Treffpunkte wie Cafés oder Kinos waren geschlossen – Identitäts-Puzzleteile, die vorher einen großen Raum eingenommen hatten, blieben nun leer.

Interessant ist, dass viele gerade in dieser Zeit damit begonnen haben, sich (vielleicht einmal wieder) mit der Frage auseinanderzusetzen: Wer bin ich – ohne mein größtes Puzzleteil?

Kriterien einer emotionalen Abhängigkeit

Wenn nun eines deiner Puzzleteile besonders groß sein sollte, ist das nicht sofort ein Grund zur Beunruhigung. Nehmen wir an, dein „Karriere“-Puzzleteil ist besonders groß: Du definierst dich besonders stark über deinen Beruf und ziehst viele Anteile deines Selbstwert daraus. Du fragst dich vielleicht, ob du eine emotionale Abhängigkeit von deinem Job entwickeln könntest: Dein Selbstwert hängt stark von der Bestätigung im Job ab? Wenn es dort nicht läuft, bist du unsicher oder nervös? Wenn du nicht arbeitest, entsteht ein Gefühl der Leere oder sogar des Schmerzes? Dann prüfe mit den nun folgenden Kriterien, ob du im Begriff bist, eine emotionale Abhängigkeit zu entwickeln:

- **Vergleich:** Hast du ständig dein „Konkurrenzfeld“ im Blick und vergleichst dich kontinuierlich mit anderen zu diesem Puzzleteil?

- **Rückbesinnung/Rückversicherung:** Hast du das starke und andauernde Bedürfnis, Bestätigung oder Aufmerksamkeit von anderen zu diesem Puzzleteil zu bekommen?

- **Zurückstellen anderer Bedürfnisse:** Stellst du einige deiner anderen Bedürfnisse (nach Schlaf, Erholung oder Sport) dauerhaft und stark zurück, um dieses Puzzleteil zu bedienen?

- **Einschränken der sozialen Kontakte:** Ordnest du deine sozialen Kontakte diesem Puzzleteil unter und richtest du deinen Tages- oder Wochenplan dauerhaft daran aus? Für andere Personen bleibt wenig bis kaum Zeit, weil du etwas anderem die absolute Priorität einräumst?

- **Gefühl des Nicht-ohne-sein-Könnens:** Stell dir vor, du müsstest ohne dieses Puzzleteil leben. Wäre es dir dann unmöglich weiterhin ein gutes Leben zu führen?

Wenn du einen großen Teil oder sogar alle dieser Fragen mit „ja" beantworten kannst, ist es an der Zeit, dein Verhältnis zu Karriere, Beziehung oder materiellen Dingen zu überdenken. Denn egal, worum konkret es geht, diese Kriterien greifen immer, um einer emotionalen Abhängigkeit auf die Spur zu kommen.

Warum machen wir uns abhängig?

Wenn wir darüber sprechen, warum sich Menschen auf eine bestimmte Art verhalten, müssen wir als erstes klären: Was wollen wir Menschen überhaupt? Die Psychologie hat dazu das Konzept der Motive erarbeitet. Sie beschreiben die drei Hauptbeweggründe, die Menschen antreiben, bestimmte Ziele zu verfolgen, bestimmte Verhaltensweisen zu zeigen und auch in bestimmte Abhängigkeiten zu geraten.

Das **Leistungsmotiv** beschreibt das Streben eines Menschen zu zeigen, was er oder sie kann. Ziel ist immer, Stolz oder Freude über den erbrachten Erfolg zu empfinden. Es zeigt sich vor allem in Bereichen des Lebens, in denen wir Erfolg und Leistung messen können – etwa in der Schule, bei der Arbeit oder im Sport. Das Leistungsmotiv führt einerseits dazu, dass Menschen ihre Fähigkeiten und ihr Potenzial ausschöpfen und ihre Ziele erreichen. Sie schätzen Feedback und Anerkennung für ihre Leistungen und sind oft sehr selbstmotiviert. Andererseits kann ein hohes Leistungsmotiv auch zu starkem Stress oder Wettbewerbsverhalten führen, das die Beziehungen zu anderen beeinträchtigt oder zu einer Vernachlässigung anderer wichtiger Bedürfnisse führt. Die Abhängigkeitsfallen liegen hier entsprechend im Leistungsbereich Schule, Beruf, Sport oder anderen Tätigkeiten, in denen es sich gut messen lässt.

Das **Anschlussmotiv** beschreibt das Streben nach befriedigenden zwischenmenschlichen Beziehungen: Wir alle wollen von anderen akzeptiert, anerkannt und geliebt werden, wollen in Gruppen integriert sein und enge Beziehungen aufbauen. Dabei kann das Anschlussmotiv in zwei Kategorien unterteilt werden: Zum einen die Hoffnung auf Anschluss und alles, was wir in diesem Zusammenhang tun, zum anderen die Furcht vor Ablehnung. Entsprechend sind hier die Abhängigkeiten eher im sozialen Bereich, also von Menschen und/oder Gruppen zu vermuten.

Das **Machtmotiv** schließlich beschreibt das menschliche Bedürfnis, ein Ziel zu verfolgen und zu verwirklichen. Menschen mit einem hohen Machtmotiv suchen oft nach Möglichkeiten, ihre Position in sozialen Hierarchien zu erhöhen und damit mehr Einfluss auf andere oder die Umstände auszuüben. Das Machtmotiv kann dazu beitragen, dass eine Person besonders effektiv in der Führung von Gruppen oder Organisationen ist, denn sie ist in der Lage, Entscheidungen zu treffen und Veränderungen herbeizuführen. Menschen mit einem starken Machtmotiv sind oft in Führungspositionen zu finden, es zeigt sich aber auch in anderen Bereichen. Auf der positiven Seite trägt das Machtmotiv dazu bei, dass Menschen ihre Ziele durchsetzen und in der Gesellschaft erfolgreich sind. Auf der negativen Seite kann es dazu führen, dass Menschen andere manipulieren oder ausnutzen, um ihre Ziele zu erreichen, dass Personen unterdrückt oder eingeschüchtert werden. Hier liegen Abhängigkeitsfallen vor allem im Bereich Karriere und dann dem Verlust von Einfluss, Prestige und Position.

Wir tragen immer alle drei Motive in uns, wenn auch in unterschiedlicher Ausprägung. Während eine Person vielleicht ein besonders starkes Anschlussmotiv hat, ist bei einer anderen Person das Leistungsmotiv vorherrschend. Es kann auch sein, dass sich die Ausprägung der Motive je nach Kontext und Situation ändert, so dass uns beispielsweise im Job etwas anderes antreibt als im Familienleben. In jedem Fall hängen unser Wohlbefinden und Selbstwert von der Befriedigung dieser Motive ab, sie beeinflussen sich gegenseitig und sind eng miteinander verflochten. Unsere persönliche Motivlage beeinflusst, wie stark wir uns von etwas abhängig machen.

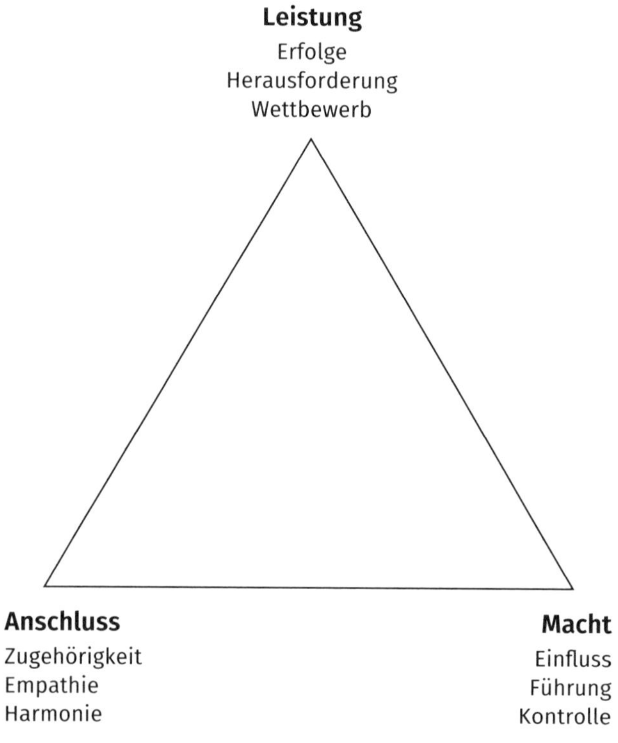

Wovon machen wir uns abhängig?

… von Menschen

Wir kommen abhängig auf die Welt. Das neugeborene Baby kann sich nicht allein versorgen, dazu braucht es die Eltern oder Bezugspersonen. Das Kind muss nicht nur essen und trinken, es braucht auch Sicherheit und Körperpflege – die Grundbedürfnisse müssen befriedigt werden. Schon von Anfang an sind wir Menschen ohne die anderen nicht lebensfähig. Eine unserer wichtigsten Entwicklungsaufgaben im Laufe der Jahre ist es aber, uns aus diesen Abhängigkeiten mehr und mehr zu lösen: selbstständig werden, aber immer noch dazugehören und mit anderen verbunden sein. In einem gesunden Bindungsverhalten halten sich Freiheit und Verbundenheit die Waage. Unsere sozialen Beziehungen belasten uns nicht, sondern unterstützen uns emotional.

Familie

Wenn wir als Erwachsene das Gefühl haben, ohne eine bestimmte Person nicht leben zu können, sollten die Alarmglocken schrillen. Wenn ernsthaft der Gedanke: „Ich kann ohne XY nicht leben!“ als tiefste Wahrheit empfunden wird, dann liegt eine ungesunde, irrationale Idee vor. Ein pathologischer Glaubenssatz – das härteste Glied in der Kette emotionaler Abhängigkeit. Diese Abhängigkeit kann tiefgreifende Auswirkungen haben – nicht nur auf die Person, die sich abhängig fühlt, sondern auch auf die Person, von der sie sich abhängig fühlt. Meist entwickelt sich eine ungesunde Dynamik in der Beziehung, wodurch sich Grenzen verwischen und sich die Balance stark verschiebt. Vorkommen kann dies beispielsweise innerhalb der Familie. Wie könnte das aussehen?

In der Beratungspraxis etwa kommt folgendes Szenario häufiger vor: Eine Person Anfang 20 ist stark auf ihre Familie fixiert. Tägliche Anrufe oder Nachrichten und das ständige Einfordern von Austausch, auch über Alltägliches, sind eine Form der **Rückversicherung**. Gleichzeitig **vergleicht** sich diese Person innerhalb der Familie, etwa unter den Geschwistern: „Bin ich der bessere Sohn/die erfolgreichere Tochter? Wer wird lieber gemocht von den Eltern?“. **Eigene Bedürfnisse werden stark vernachlässigt**, weil sich diese Person ihrer Familie enorm verpflichtet fühlt. Äußern kann sich das beispielsweise darin, dass die Person auch räumlich in der Nähe der Eltern bleibt, vielleicht einen Studienplatz in einer anderen Stadt nicht annimmt. Größere Reisen oder längere Auslandsaufenthalte, die andere im gleichen Alter machen, stehen gar nicht zur Debatte. Auch **eigene soziale Kontakte werden eingeschränkt**, um den Wünschen und Bedürfnissen der Familie zu genügen. Regelmäßige Treffen mit den Eltern oder der Familie haben absolute Priorität. Dazu kommen Gedanken, vielleicht sogar Ängste, dass den Familienangehörigen etwas passieren könnte: „Wie soll es werden, wenn die Eltern einmal nicht mehr sind?“ **Ein Leben ohne die Eltern** kann sich die Person nicht vorstellen.

Die fünf Kriterien einer emotionalen Abhängigkeit in Bezug auf die Familie sind erfüllt: Eigene Entwicklungsaufgaben, die in diesem Alter zu bewältigen sind, etwa die unabhängige Persönlichkeitsentwicklung oder eine erste feste Partnerschaft, werden vernachlässigt, stattdessen ist der Fokus ganz klar auf die Bindung zur Familie gerichtet.

Wenn wir nun das Identitätspuzzle dieser Person betrachten, dann ist das Teil „Tochter/Sohn der Familie XY“ relativ groß – viel größer als andere Teile der Identität. Eine ähnliche Konstellation entsteht übrigens, wenn nach einer Phase des Empty Nests keine andere Ausrichtung gefunden wird und die Eltern ihr Leben weiterhin in Abhängigkeit von ihren erwachsenen Kindern gestalten. Sie wollen in deren Nähe bleibe, warten im traditionellen „Zuhause“ auf Besuche der Kinder, hoffen vielleicht auf Enkel und damit neue Aufgaben in der Familie. Sie richten ihr Leben weiterhin auf die Kinder oder die hinterlassene Leerstelle aus. Wie konnte das geschehen?

Welche Faktoren begünstigen eine emotionale Abhängigkeit von der Familie?

Alle können sich eine temporäre emotionale Abhängigkeit von der Familie im jungen Erwachsenenalter vorstellen. Nach Krisen wie Trennungen, belastenden Prüfungen oder Misserfolgen aller Art zieht es die jungen Erwachsenen gesunderweise nach Hause zurück, um sich wieder zu stabilisieren. Gelingt die Regeneration aber nicht, bleibt also das Identitätspuzzle über lange Zeit instabil, kann es zu einer Verharrung in der Kindrolle kommen, vielleicht auch zum Schutz oder zur Pflege der Eltern, und damit zu einer nicht mehr gesunden Abhängigkeit.

Darüber hinaus gibt es natürlich auch Strukturen in der Familie, die eine emotionale Abhängigkeit begünstigen. Dazu gehört etwa die Persönlichkeitsstruktur der Eltern. Sätze wie „Was würden wir ohne dich nur machen?“, „Ohne dich sind wir nutzlos/einsam/traurig/...“ oder „du bist unser Ein und Alles.“ beeinflussen das Bindungsverhalten der Kinder. Genauso kann es vorkommen, dass Eltern ihren Kindern sagen „Ohne uns, ohne die Familie bist du nichts." oder „Was willst du ohne uns in der Welt erreichen?". Beides kann Kinder stark auf ungesunde Weise an die Eltern binden. Das elterliche Verhalten kann die Bindung außerdem dann ungünstig beeinflussen, wenn Liebe und Fürsorge nur als Lohn für Leistung oder Erfolg gewährt werden.

Eine emotionale Abhängigkeit wird ebenfalls begünstigt, wenn sich junge Kinder um ihre Eltern sorgen müssen, etwa weil ein Elternteil schwer erkrankt oder in einer Lebenskrise ist. Wenn die Familie schlimme Verluste erleiden musste, etwa weil eines der Kinder oder auch ein Elternteil verstorben ist, werden die Bindungen ebenfalls beeinträchtigt. In solchen Situationen fallen alle Beteiligten in einen Krisenmodus und klammern sich vielleicht an das, was noch da ist: Sie klammern sich aneinander.

Partnerschaft

Neben der Familie ist auch die Partnerschaft ein besonderer Nährboden für eine emotionale Abhängigkeit – denn sie ist, zumindest in unserem Kulturkreis, auf Ausschließlichkeit ausgerichtet. Im Gegensatz zu allen anderen Verbindungen in unserem Leben ist die Paarbeziehung eine exklusive Beziehung, die nur zwischen diesen beiden Menschen besteht bzw. bestehen sollte. Hinter unserer Vorstellung von Paarbeziehung stehen oft romantische Vorstellungen, geprägt von Film, Fernsehen und Literatur – viele wünschen sich für ihre persönliche Liebesgeschichte das sprichwörtliche *Happy End* – „und sie lebten fortan glücklich bis ans Ende ihrer Tage" – und sind bereit, viel dafür zu tun oder gar zu opfern.

Somit hat eine exklusive Paarbeziehung großes Potenzial, identitätsrelevante Anteile zu beeinflussen. Erinnere dich doch einmal an deine große Liebe – mit wem warst du zusammen? Warst du „der Freund oder die Freundin des coolen Sportlers oder der coolen Sportlerin“? Vor allem in der Jugend definieren wir uns schnell und stark über unsere Paarbeziehungen, aber auch später sind wir häufig „die Frau oder der Mann von …“, „die Partnerin oder der Partner von …“ Eine gelungene Paarbeziehung macht es uns sehr einfach, Selbstwert und Wohlbefinden aufzubauen. Wenn wir eine liebevolle und unterstützende Beziehung haben, fühlen wir uns wertvoll, gesehen, begehrenswert und ausgewählt. Wir haben jemanden an unserer Seite, die oder der uns in schwierigen Zeiten unterstützt und uns hilft, unsere emotionalen Bedürfnisse zu erfüllen: Wir werden geliebt. Da ist es natürlich verlockend, sich auf die Paarbeziehung als primäre Quelle der emotionalen Erfüllung zu verlassen.

Dass das gefährlich werden könnte, wird meist schnell klar. Verlustängste und Unsicherheiten kommen auf, man beginnt mit der **Rückversicherung**: „Liebst du mich noch?“ Jedes Wort und jeder Blick werden auf die Goldwaage gelegt. Vielleicht wird die Partnerin oder der Partner sogar kontrolliert oder auf der Suche nach Hinweisen auf ein mögliches Ende der Liebesbeziehung Nachrichten- und Emailverläufe gecheckt. Außerdem **vergleicht** man sich mit (vermeintlichen) Konkurrenten und Konkurrentinnen: „Bin ich schlauer als sie? Ist er toller als ich?“ Potenzielle Gefahrenquellen für die Beziehung werden kritisch beobachtet, können zu Streit und Konflikten führen. Eifersucht und Selbstzweifel nehmen zu. **Andere eigene Bedürfnisse werden stark vernachlässigt,** um der Beziehung Genüge zu tun, sie vielleicht auch zu steuern und zu kontrollieren. **Soziale Kontakte werden eingeschränkt** und finden nur nach Absprache mit dem Partner oder gar Erlaubnis der Partnerin statt, damit man rund um die Uhr der Beziehung zur Verfügung stehen kann. Diese Form der Einschränkung weitet sich auch auf andere Bereiche des Lebens aus (Freizeitgestaltung, Freundeskreis, Wahl der Kleidung…), sodass irgendwann kaum noch Entscheidungen in Bezug auf das eigene Leben mehr ohne den Partner oder die Partnerin getroffen werden können.

Dieser starke Fokus auf die Beziehung kann insgesamt zu dem Gefühl **„Ohne den anderen oder die andere bin ich nichts!“** führen – Betroffene haben dann die Vorstellung, dass ihre ganze Welt zusammenbrechen würde, wenn „ihre“ zentrale Bezugsperson nicht mehr da wäre, sie nicht mehr lieben würde. Gerade dieses Kriterium der emotionalen Abhängigkeit muss man natürlich immer auch im jeweiligen Kontext betrachten: Ein Ehepaar, das seit 60 Jahren verheiratet ist und eine Schar Kinder gemeinsam großgezogen hat, blickt auf eine andere Geschichte zurück und fühlt sich anders „inkomplett“ als das frisch verliebte Teenagerpaar.

Besonders deutlich wird die emotionale Abhängigkeit in Paarbeziehungen aber auch deshalb, weil sie hier bisweilen Formen suchtähnlicher Abhängigkeiten annimmt. Der Partner oder die Partnerin ist zumindest in Gedanken ständig präsent: „Was tut er/was tut sie gerade?“, „Denkt er/sie gerade an mich?“ – diese Fragen quälen Betroffene immerzu, sodass sie ständig besetzt sind von ihrer eigenen Partnerschaft. Wer möchte, kann dank der ständigen Verfügbarkeit von Smartphone & Co. diese Form der Rückversicherung dann auch schnell und exzessiv ausleben – sogar Standortbestimmungen sind möglich. Auch wenn die andere Person anwesend ist, sind emotional Abhängige permanent damit beschäftigt, ihren Partner oder ihre Partnerin zu beobachten, um dann richtig zu reagieren und das eigene Verhalten darauf abstimmen zu können.

Typisch für eine emotionale Abhängigkeit von Partner oder Partnerin ist auch, dass die eigene Stimmungslage stark von der anderen Person beeinflusst wird: Kommt das Gegenüber schlecht gelaunt nach Hause, richtet sich auch die eigene Laune danach aus – obwohl noch kurze Zeit vorher alles in bester Ordnung war. In einer gesunden Paarbeziehung wäre die Reaktion auf das verstimmte Gegenüber vielleicht eher Mitgefühl oder der Versuch eines Aufmunterns. In einer emotional abhängigen Beziehung dagegen ist die Balance so verschoben, dass sich die schlechte Laune wie automatisch auf den anderen Part überträgt. Manchmal fühlen sich die Betroffenen dann auch verantwortlich für die Stimmung ihres Gegenüber und versuchen viel bis alles, um ein Wohlbefinden ihres Partners oder ihrer Partnerin zu ermöglichen.

Welche Faktoren begünstigen eine emotionale Abhängigkeit in der Partnerschaft?

Diese Art des Ungleichgewichts kann sich, auch phasenweise, in jeder Partnerschaft entwickeln. Jedoch gibt es bestimmte Risikofaktoren, die besonders anfällig für eine emotionale Abhängigkeit machen: geringes Selbstwertgefühl, eine unsichere Bindungsgeschichte, eine schwierige oder sogar traumatische Vergangenheit, ein überhöhtes Anschlussmotiv etwa durch soziale Isolation …

Nicht selten kommen Faktoren im Gegenüber hinzu, die eine Abhängigkeitsbildung befördern. Geraten Anschlusssuchende mit einem eher geringen Selbstwert an narzisstische, aggressive oder kontroll-veranlagte Persönlichkeiten, kann ein Strudel aus Unterwürfigkeit und Unterdrückung entstehen. Narzisstisch veranlagte Personen haben die Tendenz, ein sie liebendes, bewunderndes Gegenüber in eine emotionale Abhängigkeit zu bringen. Das kann zu einem Teufelskreis führen, in dem die Person mit geringem Selbstwertgefühl immer abhängiger von der narzisstischen Person wird. Eine Person sucht ständige Bewunderung und Aufmerksamkeit, während die andere Person versucht, den Erwartungen der anderen gerecht zu werden und ihre Bedürfnisse zu erfüllen.

Folgende Sätze sind typisch manipulative Verhaltensweisen narzisstisch veranlagter Persönlichkeiten:

- **„Du bist ja sowieso nicht fähig ..., war ja klar, dass du das nicht ...! Wie siehst du denn aus? ...“**
  Manipulierer:innen werten ihre Partnerin oder ihren Partner ständig ab und kritisieren sie häufig, sei es ihre körperliche Erscheinung, ihre Fähigkeiten oder ihre Entscheidungen. Sie sind dabei oft sarkastisch oder zynisch und machen ihren Partner oder ihre Partnerin lächerlich.

- **„Ich kann das besser als du“**
  Manipulierende betonen ständig ihre eigenen Leistungen, Fähigkeiten und Talente und setzen dabei ihr Gegenüber herab. Oftmals kontrollieren sie ihre Partnerin oder ihren Partner oder schreiben vor, was sie tun oder wie sie sich kleiden sollten, um einem Idealbild zu entsprechen.

- **„Jetzt hast du das schon wieder falsch gemacht.“**
  Egal, was die Partnerin oder der Partner macht, es ist ohnehin falsch – auf diese Art und Weise können narzisstisch-kontrollierend veranlagte Personen Abwertung und Dominanz ausüben (Double Bind).

- **„Das hast du vollkommen falsch verstanden.“ „Die anderen mögen dich sowieso nicht.“**
  Narzissten stellen ihre Partnerin oder ihren Partner durch Verzerrung der Realität, Manipulation und Lügen in Frage und verunsichern sie fundamental in der eigenen Wahrnehmung. Dadurch können sie ihre Partner dazu bringen, sich minderwertig oder unsicher zu fühlen (Gaslighting).

- **„Die oder der konnte das besser!“**
  Narzisstisch veranlage Personen vergleichen ihre Partnerin oder ihren Partner ständig mit anderen, sei es mit ihren Ex-Partnerinnen oder -Partnern oder anderen Menschen. Ziel ist immer, die aktuelle Partnerin oder den aktuellen Partner herabzusetzen.

- **„Ich bleibe bei dir, wenn ...“**
  Die Beziehung und damit auch die (vermeintliche) Liebe wird an Bedingungen geknüpft, die oft andere Bedürfnisse des Partners oder der Partnerin stark beschneiden.

Natürlich führen nicht alle Beziehungen mit narzisstischen Persönlichkeiten zwangsläufig zu einer Abhängigkeitsbildung. Es gibt auch gesunde Beziehungen, in denen beide Personen gleichberechtigt sind und sich gegenseitig unterstützen. Es ist aber wichtig, die Dynamik einer Beziehung zu erkennen und sich, falls nötig, Unterstützung und Hilfe zu suchen.

Freundschaften und Gruppen

Nicht nur in Partnerschaften, auch in anderen Beziehungen kann es zu emotionaler Abhängigkeit kommen, so etwa in Freundschaften.

Vielleicht erinnerst du dich an eine wichtige Freundin oder einen wichtigen Freund aus der Schulzeit, die oder der damals deine Welt war? Denn besonders im Jugendalter, wenn unser Identitätspuzzle noch nicht vollständig ausgebildet ist, können solche Abhängigkeiten leichter entstehen: Unser Selbstwertgefühl ist vielleicht durch die vielen körperlichen Veränderungen ins Wanken geraten, gleichzeitig lösen wir uns langsam, aber sicher von der Familie ab und suchen unsere Rolle im Leben. In dieser Zeit kann es geschehen, dass wir unsere Identität ganz auf eine spezielle Person im Freundeskreis oder auf die Zugehörigkeit zu einer speziellen Gruppe ausrichten. Dieser starke Wunsch nach Zugehörigkeit ist normal und tief menschlich. In gewissem Sinne ist das ein natürlicher und vor allem wichtiger Prozess: Wir alle müssen herausfinden, zu welchen Gruppen außer der Familie wir dazugehören können und wollen und wie wir diese Akzeptanz und Zugehörigkeit erreichen können.

Im Jugendalter haben wir verschiedene Rollen durchlaufen. Vielleicht warst du „die Sportliche" oder „der Witzige"? Dieses Suchen und Finden unserer identitätsbestimmenden Eigenschaften ist eine wichtige Entwicklungsaufgabe, genauso wie das Austesten, wie diese oder jene Eigenschaft bei Gleichaltrigen ankommt.

Zu genau diesen Entwicklungsaufgaben gehört aber auch, dass wir lernen, mit Ablehnung umzugehen. Natürlich kann es sehr traurig sein, wenn uns die beste Freundin oder der beste Freund vernachlässigt oder die angesagte Basketballgruppe uns nicht akzeptiert – jedoch muss es dann möglich sein, sich in eine andere Richtung zu orientieren und Anschluss in einer anderen Gruppe zu finden.

Wenn aber das **Leben durch die Ablehnung von einer bestimmten Person oder Gruppe sinnlos zu werden scheint,** kann das ein Zeichen von emotionaler Abhängigkeit sein. Um bei der Gruppe oder Freundschaft bleiben zu können, werden andere **soziale Kontakte stark eingeschränkt,** um ständig präsent zu sein und kein Ereignis zu verpassen. Dafür werden dann auch **andere Bedürfnisse zurückgestellt** – etwa nach Zeit zum Lesen, Lust auf andere Aktivitäten, Appetit auf andere Speisen, sich in aller Ruhe mit der Familie einen Film anzusehen. Auch ein **Vergleichen** findet oft innerhalb von Gruppen statt: Wo stehe ich in der Hackordnung, darf ich nah bei einer „Anführerin“ oder einem „Anführer“ sein oder gehöre ich zur erweiterten Entourage? Was kann ich tun, um meine Stellung zu verbessern? Gleichzeitig muss man sich ständig **rückversichern**, ob man noch Teil der Gruppe ist und wenn ja, wie es um die eigene Beliebtheit bestellt ist. Vielleicht erinnerst du dich noch an die oft alles entscheidende Fragen im Jugendalter: „Bist du noch meine beste Freundin oder mein loyaler Kumpel? Auf welcher Seite stehst Du?“

Diese Mechanismen greifen natürlich nicht nur in der Jugend, sondern auch später im Erwachsenenalter. Da die meisten von uns dann aber bereits ein vollständig ausgebildetes Identitätspuzzle besitzen, sind wir dann nicht mehr so anfällig für emotionale Abhängigkeiten von Freundschaften oder Gruppen. Stattdessen können wir nun leichter zwischen Gruppen hin- und herwandern, können gleichzeitig Teil der Sportgruppe, des Nachbarschaftstreffs und unseres Freundeskreises sein.

Dennoch kann es auch im Erwachsenenalter dazu kommen, dass wir uns auf bestimmte Personen oder Gruppen fokussieren. Das extremste Beispiel sind hier mit Sicherheit sektenähnliche Gruppen, die meist auch auf die Bildung emotionaler Abhängigkeiten ausgerichtet sind. Weniger kritisch, aber dennoch mit Potenzial für eine solche Abhängigkeitsbildung, sind Gruppen, für die es ein informelles Aufnahmeritual gibt, die ständige Präsenz fordern und hierarchisch organisiert sind. Das kann beispielsweise auch eine besondere Yogagruppe oder der elitäre Golfclub sein.

Im Erwachsenenalter ist die Entstehung einer emotionalen Abhängigkeit von einer Gruppe aber meist ein Zusammenspiel aus vielen Faktoren. So kann es passieren, dass wir nach einer Lebenskrise (Trennung, Jobverlust o. ä.) unser Identitätspuzzle neu aufstellen wollen und dabei auf der Suche nach neuen Puzzleteilen auf eine Gruppe stoßen, die eine Abhängigkeit aktiv fördert.

Welche Faktoren begünstigen eine emotionale Abhängigkeit in Freundschaften oder Gruppen?

Genau wie im Abhängigkeitsbereich der Familie und der Partnerschaft, gibt es auch im Bereich der Freundschaften und Gruppen Persönlichkeitseigenheiten und Verhaltensweisen, die eine emotionale Abhängigkeit im Gegenüber fördern. Vor allem Gruppen können eine zerstörerische Dynamik entwickeln, wenn es um Zugehörigkeit und Ausschluss geht.

Jede Gruppe funktioniert über Ingroup-Outgroup-Mechanismen. Während die einen aufgrund bestimmter Eigenschaften dazugehören (Ingroup), werden andere aufgrund des Fehlens genau dieser Eigenschaften ausgeschlossen (Outgroup).

Wird eine Person als Mitglied der Outgroup betrachtet, kann das zu Vorurteilen und Diskriminierung führen. Dazu gehört beispielsweise auch das Mobbing – ein systematisches Verhalten insbesondere von Gruppen, um Personen zu schikanieren, zu demütigen oder auszugrenzen. Mobbing kann sich je nach Gruppe unterschiedlich zeigen, folgende Formen sind typisch:

- Beleidigungen
- Diffamierungen
- Ignorieren
- Ausschluss
- Gerüchte verbreiten
- ständige Kritik
- Unterbrechungen
- Beschimpfungen
- Herabwürdigungen

Aus der Hilflosigkeit des Mobbings heraus kann sich dann eine emotionale Abhängigkeit bilden zu der oder den Personen, die bei diesen Mobbingaktivitäten nicht mitmachen oder uns sogar dagegen in Schutz nehmen.

Ein weiterer Faktor, der eine emotionale Abhängigkeit von Gruppen begünstigen kann, ist die ständige Unsicherheit und Verunsicherung der Gruppenzugehörigkeit: Wenn wir aktiv und fortwährend etwas dafür tun müssen, um zu dieser Gruppe dazuzugehören, sind wir umso mehr dazu bereit, alles andere diesem Ziel unterzuordnen.

Der Anspruch auf Exklusivität, ähnlich wie bei der Paarbeziehung, ist ein guter Nährboden für emotionale Abhängigkeit. Vor allem Eltern können hier vorbeugen, indem sie Fragen wie „Wer ist denn deine beste Freundin oder dein bester Freund?“ vermeiden, denn genau das suggeriert Kindern und Heranwachsenden, dass es im Bereich der Freundschaften Exklusivität und Hierarchien geben muss. Dabei ist es – ähnlich wie beim Identitätspuzzle auch – wesentlich gesünder, die eigene Freundschaft mehreren Menschen zu schenken, ohne Rangordnung.

Glücklicherweise ist es so, dass wir im Erwachsenenalter weitaus weniger gefährdet sind, eine emotionale Abhängigkeit von einer Freundschaft oder Gruppe zu entwickeln. Unser Identitätspuzzle ist inzwischen diverser aufgestellt. Wahrscheinlicher ist es, dass wir eine Abhängigkeit von einer identitätsstiftenden Tätigkeit entwickeln.

... von Tätigkeiten

Arbeitest du regelmäßig an den Wochenenden? Deine Familie und dein Freundeskreis beklagen sich, dass du sie vernachlässigst? Ohne Arbeit kannst du mit dir selbst und deiner Zeit nicht viel anfangen, du langweilst dich und bist wie auf Entzug? Und bist du einmal gezwungen, die Arbeit ruhen zu lassen, kreisen die Gedanken trotzdem ständig um das aktuelle Projekt, die nächste Mail oder den Termin nächste Woche?

Dann könnte es durchaus sein, dass du eine emotionale Abhängigkeit von deiner Arbeit entwickelt hast. Denn genauso, wie wir durch eine Form der Überidentifikation mit Personen emotional abhängig werden können, gibt es auch bestimmte Tätigkeiten, die einen großen Teil unseres Identitätspuzzles ausfüllen. Dazu gehört beispielsweise der Beruf.

Arbeit und Beruf

Unser Job kann uns viel geben. Neben finanzieller Sicherheit, Struktur und Routine ist der Beruf für viele auch eine Quelle des Selbstbewusstseins und des Selbstvertrauens. Gerade in unserem Kulturkreis genießt die Arbeit deshalb einen sehr hohen Stellenwert und wird oft als eine wichtige Komponente des persönlichen Erfolgs und der sozialen Identität betrachtet. Karriere, Leistung, Erfüllung, Berufung – diese Begriffe gehen bei uns meist Hand in Hand. Der Job dient bei uns auch als Maßstab für sozialen Status und Wohlstand.

Viele Menschen definieren sich stark über ihren Beruf, meist sogar über das Rentenalter hinaus: „Ich bin Richterin." „Ich bin Krankenpfleger." „Ich bin Führungskraft." Von einer emotionalen Abhängigkeit können wir dann sprechen, wenn der Bereich „Ich in der Rolle als Managerin" oder „als Journalist" für die Selbstdefinition extrem wichtig, vielleicht sogar zentral geworden ist. So wichtig, dass diese Menschen auch privat schlecht in eine andere Rolle wechseln können und in eigentlich arbeitsfreien Zeiten eng mit ihrem Beruf verwoben sind. Arbeitsabhängige finden schlecht ein zeitliches Ende ihrer Tätigkeit, am Tag und im Leben, weil der Beruf immer Priorität hat.

Die Identifikation mit der beruflichen Tätigkeit und das damit verbundene Selbstbild kann so stark sein, dass man sich fragt „Wer bin ich denn dann ohne meine Arbeit?", manchmal auch „Wer bin ich denn dann noch ohne den Erfolg meiner Arbeit?". Meist geht es also bei dieser Form der Abhängigkeit sowohl um die Tätigkeit (Leistungsmotiv) an sich als auch um die damit verbundene Anerkennung und gesellschaftliche Wahrnehmung (Machtmotiv).

Beschäftigt sein, unter Druck stehen oder Stress haben – gesellschaftlich ist der Fokus auf die Arbeitswelt bei uns akzeptiert. Daher ist der Übergang von einer starken Leistungsmotivation hin zu einem Abhängigkeitsverhältnis von Arbeit und Beruf sehr fließend. Klarheit können unsere fünf Kriterien der emotionalen Abhängigkeit bringen:

Rückversicherung: Hast du das ständige Bedürfnis, Bestätigung oder Aufmerksamkeit für deine Arbeit von anderen zu bekommen?

Vergleich: Hast du ständig dein berufliches „Konkurrenzfeld“ im Blick?

Zurückstellen anderer Bedürfnisse: Stellst du deine anderen Bedürfnisse wie Erholung, Bewegung, Zerstreuung stark zurück, um deine beruflichen Aufgaben zu bedienen?

Einschränken der sozialen Kontakte: Ordnest du deine sozialen Kontakte deinen beruflichen Aktivitäten unter, richtet sich dein Tages- oder Wochenplan ausschließlich an dem Bereich deiner beruflichen Aufgaben aus? Für andere Personen bleibt wenig bis kaum Zeit, weil du deinen beruflichen Aufgaben die Priorität einräumst?

Gefühl des Nicht-ohne-Sein-Könnens: Stell dir vor, du könntest nicht mehr Journalist, Führungskraft oder Richterin sein. Könntest du dann weiterhin ein erfülltes Leben führen?

Welche Faktoren begünstigen eine Abhängigkeit von Arbeit oder Beruf?

Wenig überraschend ist, dass vor allem Menschen mit einem starken Leistungs- und Machtmotiv anfällig sein können für diese Art der Abhängigkeit vom Beruf. Gerade sie sind gewillt, sich im Beruf stark zu engagieren und sichtbare Erfolge zu produzieren, definieren sich umgekehrt aber auch stark über Status und Anerkennung, die sie durch ihre Leistung erlangen. So kann es dazu kommen, dass sie sich übermäßig stark auf ihre Arbeit konzentrieren und ihren anderen persönlichen Bedürfnissen und Interessen weniger Aufmerksamkeit schenken. Wie oben schon erwähnt ist es in unserer Gesellschaft sehr leicht, die eigene Identität maßgeblich auf die berufliche Tätigkeit aufzubauen. Das zeigt sich sehr schön an den vielen Sprichwörtern und Glaubenssätzen, die in Bezug auf Arbeit im deutschsprachigen Raum verbreitet sind. Vielleicht kommen sie auch dir bekannt vor?

- „Ohne Fleiß kein Preis."
- „Sich regen bringt Segen."
- „Müßiggang ist aller Laster Anfang."
- „Stillstand ist der Tod."
- „Harte Arbeit zahlt sich aus."
- „Von nix kommt nix."
- „Tu Gutes und sprich davon."
- „Leistung ist der Schlüssel zum Glück."

Wir alle leben in einer sehr leistungsbezogenen Gesellschaft, insbesondere in der Schul-, Ausbildungs- und Arbeitswelt. Wir werden danach beurteilt, wie viel wir leisten, wie die Qualität unserer Leistung ist und wie erfolgreich wir im Vergleich mit anderen sind, sogar in unseren Freizeitaktivitäten. Leistung und Erfolg werden oft als Synonyme für Glück und Zufriedenheit angesehen und in der Gesellschaft hochgeschätzt. Dieser Druck kann jedoch starken Stress verursachen und zu psychischen Problemen führen.

Aus diesem Grund ist es so wichtig, dass wir unser Identitätspuzzle aus vielen unterschiedlichen Teilen zusammensetzen. Denn unsere nichtarbeitsbezogenen, „leistungsfreien" Puzzlestücke können uns stärken oder sogar auffangen, wenn es im Beruf einmal nicht so läuft wie gewünscht, wir sogar den Job verlieren oder uns aus anderen Gründen umorientieren müssen.

Arbeit im nichtberuflichen Kontext

Diese Art der emotionalen Abhängigkeit kann übrigens auch im nichtberuflichen, ehrenamtlichen Kontext vorkommen. Oft steht hier auch das Leistungsmotiv im Vordergrund, wenn es zentral um das „Helfen" und „Sorgen" geht. Gerade im Bereich der Care-Arbeit kommt es durchaus vor, dass Menschen eine Abhängigkeit entwickeln. In diesem Bereich sind die Hauptkriterien der emotionalen Abhängigkeit vor allem die Folgenden:

Immer dann, wenn **andere Bedürfnisse dafür zurückgestellt** werden, wenn **andere soziale Kontakte weniger** werden und wenn du **denkst, ohne diese Tätigkeit nicht sein zu können,** dann solltest du dir eingestehen, dass auch hier in diesem prinzipiell so ehrenvollen Bereich bei dir eine emotionale Abhängigkeit vorliegt.

Sport und Attraktivität

Eine andere Form der Leistungsmessung kennen wir aus dem Bereich Sport. Höher, schneller, weiter ... egal, ob wir uns im Leistungssport oder im Hobbybereich befinden, auch hier kann sich eine emotionale Abhängigkeit entwickeln. Vor allem dann, wenn sich eine Person besonders stark über ihre Leistungen in einer bestimmten Sportart definiert. Das lässt sich anhand der Kriterien gut überprüfen:

Das Vergleichen mit anderen ist bei den meisten Sportarten Teil des Wettkampfgedankens. Es geht nun mal darum, besser zu sein als andere, den höchsten Score zu erreichen oder als Erster ins Ziel zu kommen. Gerade im

Bereich des Leistungssports geht es dann gar nicht anders, als dass **die anderen Bedürfnisse stark zurückstecken und soziale Kontakte warten** müssen: Fixe Trainingszeiten und Wettkampftermine gehen im Sportlerleben vor. Auch ein **ständiges Rückversichern**, ein Überprüfen der eigenen Leistung, ist Teil des Business. Weil gerade dann viel Zeit fürs Training aufgebracht werden muss, bleibt kaum Gelegenheit, das eigene Identitätspuzzle mit anderen Inhalten zu füllen – Gedanken an den Ausstieg werden oft begleitet von der Frage **„Wer bin ich denn dann noch,** ohne Schwimmen, Tennis oder Fahrradfahren?“

Beispiele wie Boris Becker, Mike Tyson oder Diego Maradona zeigen: Ein Ausstieg aus dem Leistungssport und ein Ankommen im „normalen“ Leben fällt manchen Männern sehr schwer. Denn der Sportler verliert möglicherweise nicht nur Identität, sondern auch Lebenszweck, der durch jahrelanges Training und Wettkämpfe aufgebaut wurde. Es kann schwierig sein, eine neue Richtung im Leben zu finden und eine andere Karriere zu beginnen – insbesondere dann, wenn im Laufe der sportlichen Entwicklung einfach keine Zeit für andere Fähigkeiten und Interessen blieb.

Ähnliche Mechanismen können natürlich auch im Bereich des Hobby- oder Amateursports greifen. Meist vergleichen wir uns hier aber in anderen Kategorien als im Leistungssport: Viele von uns etwa machen Sport, um fit zu bleiben und einem bestimmten Körperideal zu entsprechen – wie genau das aussieht, hängt übrigens stark vom Zeitgeist ab. Je nach aktueller Vorstellung sind mal mehr, mal weniger Muskeln, mal mehr, mal weniger Kurven angesagt. In jedem Fall aber steht auch hier **der Ver-**

gleich mit anderen im Vordergrund – wenn auch nicht so stark auf die Leistung, sondern auf das Aussehen bezogen. Wenn wir uns nun stark über unser Äußeres definieren – „Ich bin die Trainierte/der Gutaussehende/die Attraktive“ – müssen wir uns natürlich bei anderen **permanent rückversichern**, ob wir noch entsprechend in Form sind. Wenn mal ein oder zwei Kilo mehr auf den Rippen sind, ist das beunruhigend: **Wer sind wir denn noch,** wenn wir nicht mehr unserem eigenen Ideal entsprechen? Um wieder in Form zu kommen, wird das Fitnessstudio besucht oder die neueste Diät ausprobiert – **andere Bedürfnisse und soziale Kontakte müssen erstmal zurückstecken.** Die Fähigkeit, normale Auseinandersetzungen und Konflikte in sozialen und partnerschaftlichen Beziehungen kompetent zu meistern, nimmt mehr und mehr ab. Treten die Bedürfnisse auf, führt das bewusst oder unbewusst dazu, den Fluchtweg anzutreten und einfach noch mehr Zeit mit sportlichen Aktivitäten zu verbringen.

... von Dingen und Erlebnissen

Gibt es Dinge, von denen du meinst, sie haben zu müssen? Vielleicht erinnerst du dich an den Werbeslogan „Mein Auto, mein Haus, mein Boot ...“ Die dazugehörige Kampagne wurde in den 1990er Jahren in Deutschland durchgeführt, die Werbung zeigte Bilder von luxuriösen Häusern, teuren Autos und Yachten, die bei vielen Menschen den Wunsch nach einem ähnlichen Lebensstil weckten. Der Slogan wurde zum geflügelten Wort und ist immer noch ein Synonym für Wohlstand, materiellen Erfolg und vermeintliches Glück.

Dinge und Erlebnisse als Statussymbol

Besitz und Erfolg sind in unserer Gesellschaft eng verwoben. Anders gesagt: „Haste was, biste was“. Dahinter steht die Vorstellung, dass nur ein erfolgreiches Leben zu materiellem Wohlstand führt. Haus, Auto, Luxusgüter und teure Erlebnisse und Events werden zu Statussymbolen, die der Umwelt auf einen Blick zeigen: „Ich kann mir das leisten!“ – und so auch Teil der Identität werden: Das Tragen teurer Designerkleidung kann als Ausdruck von Modebewusstsein, Luxus und Stil angesehen werden. Ein teures Auto wird zum Ausdruck von Erfolg, Macht und Prestige, während der Besitz eines teuren Hauses den Eindruck von Wohlstand und finanzieller Stabilität vermitteln kann. Auch der Besuch von teuren Restaurants, Konzerten oder Theaterveranstaltungen kann diesen Zweck erfüllen – vor allem, wenn alle die Social-Media-Posts dazu live verfolgen können.

Statussymbole können auch dazu beitragen, dass eine Person sich stärker mit einer bestimmten Gruppe oder Gemeinschaft identifiziert. So kann das Tragen eines bestimmten Kleidungsstücks, der Besuch einer bestimmten Veranstaltung als Ausdruck von Zugehörigkeit zu einer bestimmten sozialen Gruppe betrachtet werden.

Sobald sich derartige Dinge und Identität verbinden, kann sich eine emotionale Abhängigkeit entwickeln – nämlich dann, wenn eine Person eine tiefe emotionale Bindung zu einem bestimmten Objekt entwickelt hat und sich ohne dieses Objekt unvollständig oder unglücklich fühlt.

Die emotionale Abhängigkeit von Dingen gestaltet sich meist nicht so stark wie von Personen oder Tätigkeiten. Das lässt sich anhand unserer Kriterien für emotionale Abhängigkeit überprüfen:

Gehen wir davon aus, dass das Smartphone für uns eine besondere Bedeutung hat. Um uns das neueste Modell leisten zu können, sparen wir vielleicht – dadurch müssen **andere Bedürfnisse zurückgestellt** werden. Eventuell leiden darunter dann auch unsere **sozialen Kontakte** – wenn auch aus anderen Gründen als das bei der emotionalen Abhängigkeit von Personen oder Tätigkeiten der Fall ist. Besonders stark dagegen ist bei der Abhängigkeit von Dingen das Kriterium des **Vergleichs**: Unsere Konsumgüter sind meist ein sehr starker Vergleichsrahmen, über den wir uns mit anderen messen können, **verbunden mit einer ständigen Rückversicherung:** Welche Smartphones sind in meinem Freundeskreis vertreten? Habe ich noch das neueste Modell? Bin ich noch up to date?

Ein großer Unterschied lässt sich aber in Bezug auf das Gefühl des „Nicht-ohne-sein-Könnens“ feststellen: Anders als bei der Abhängigkeit von Personen oder Tätigkeiten sind Dinge und Erlebnisse nicht so zentral für unsere Identität und können leicht durch andere ersetzt werden. Wenn wir das schnelle Auto, das flotte Lastenrad oder die begehrten Konzerttickets nicht haben können, orientieren wir uns eben um und definieren nun, dass ein anderes Ding bedeutsamer ist. Wobei es auch hier Grenzen gibt: Wem der neue SUV besonders wichtig ist, der zeigt sich ungern in einer alten Klapperkiste. Wer sich als Gourmet versteht, stoppt nicht an der Frittenbude.

Nun sagst du vielleicht „Jaja, aber mir ist gar nicht wichtig, welches Auto ich fahre.“ Das kann sein. Es muss gar nicht unbedingt das klischeemäßig „dicke“ Auto sein ..., vielleicht ist aber das Elektroauto, das Festival oder die Fernreise Teil deines Identitätsbildes. Auch das kann eine besondere Rolle bei deiner Identitätsbildung einnehmen. Und blicke dich einmal in deiner Wohnung, in deinem Haus und deiner Freizeit um: Es gibt bestimmt das eine oder andere Ding, den einen oder anderen Event, an dem dein Herz besonders hängt. Ähnlich identitätsstiftend aufgeladen können auch bestimmte Uhren, Taschen, Kleidung, Kunstwerke, Möbelstücke, die Vinylplattensammlung oder Events unterschiedlichster Art sein.

Welche Faktoren begünstigen die Abhängigkeit von Dingen?

Auf diese Frage gibt es eine naheliegende, simple Antwort: unsere Gesellschaft – denn sie macht Dinge zu den Statussymbolen, die sie sind. Dazu tragen vor allem Medien und Werbung bei, die uns vormachen, wir müssten bestimmte Dinge besitzen, um akzeptiert und erfolgreich zu sein. Durch die ständige Präsenz von idealisierten Bildern und Vorstellungen von einem „guten Leben" ist für die meisten von uns der Besitz von bestimmten Dingen und der Besuch von bestimmten Events mit einem gewissen Lebensstil verbunden. Wir verlassen uns auf diese Dinge, um uns selbst zu definieren und damit vermeintlich unser Glück zu mehren.

Eine bestimmte Medienart hat einen besonders starken Einfluss auf unsere Beziehungen zu materiellen Dingen: die so genannten sozialen Medien. Durch die ständige Bilderflut auf Plattformen wie Instagram, Facebook und TikTok werden wir täglich mit geschönten Darstellungen von Menschen konfrontiert, die Kleidung, Autos, Reisen, Events und andere im- und materielle Güter besitzen – und uns diese auch zeigen. Über diese Medien haben Influencer und Prominente eine besondere Rolle als Vorbilder und Trendsetter und prägen damit unsere Vorstellungen von Wohlstand und Leben. Ihre Bilder und Videos tragen in einem besonderen Maße dazu bei, dass wir uns unter Druck gesetzt fühlen, diese Dinge ebenfalls zu besitzen oder zu benutzen.

Über die sozialen Medien findet eine ganz spezielle Art des Vergleichs und des Wettbewerbs statt. Denn anders als bei klassischen Medien wie Fernsehen oder Zeitschriften werden auch wir selbst zu Sendern und Senderinnen: Über diese Kanäle können wir zeigen, was wir haben, uns leisten können und worüber wir verfügen. Auch wir wollen unseren Followern unsere neuen Möbel, die angesagten Schuhe oder die leckeren Gerichte im Trend-Restaurant zeigen. So können wir in Bezug auf den Besitz von materiellen Dingen mit anderen mithalten oder sie sogar zu übertreffen.

Ein Social-Media-Profil ermöglicht es, uns zu präsentieren und uns selbst zu profilieren. Wir können unser Profil so gestalten, dass es unsere Persönlichkeit, Interessen und Vorlieben in einem optimalen Licht widerspiegelt. Indem wir unser Profil mit Inhalten füllen, die uns wichtig sind und die wir mögen, können wir uns von anderen Nutzern und Nutzerinnen unterscheiden und uns von ihnen abheben. Was wir dort zeigen und welche Inhalte wir selbst teilen, positioniert uns als Person mit bestimmten Werten und Überzeugungen.

Mithilfe unserer Social-Media-Profile schaffen wir uns so eine digitale Identität. Diese wird ein Glanzabbild unseres Identitätspuzzles sein, da wir eher glückliche Familienbilder, happy Pärchenbilder, teures Essen, wichtige Meetings und unsere 298.468 Kontakte posten. Oder sehen wir beispielsweise ein bestimmtes Kleidungsstück bei einer Influencerin, kaufen dieses dann auch und präsentieren es im Anschluss selbst auf unserem Kanal? Dann gehören wir dazu!

Wir laufen dann Gefahr, immer tiefer in den Social-Media-Strudel hineingezogen zu werden. Denn wer unablässig Überfluss geboten bekommt, läuft Gefahr, vieles nicht mitzubekommen – so viel, dass es Stress macht. „Fear of missing out", kurz FOMO, nennt sich diese Empfindung: die ständige Angst, etwas zu verpassen im Strom digitaler Neuigkeiten. Das ist auf Dauer ganz schön anstrengend. Außerdem ist es kaum möglich, sich in den sozialen Medien nicht mit anderen Menschen zu vergleichen. Dabei vergessen wir oft, dass die Online-Welt nicht die Realität ist. Je mehr Zeit wir online verbringen, desto weniger bleibt für echte soziale Kontakte, fürs Umsetzen von Zielen, für Muße, Schlaf, Bewegung und vieles mehr. Vernachlässigen wir wichtige Bedürfnisse auf Dauer, leidet unsere Psyche.

Auch unsere Bestätigung suchen wir online: Mit jedem Like, positiven Kommentar oder Teilen unserer Beiträge schüttet der Körper Glückshormone aus. Und jede Nachricht, die wir empfangen oder verschicken, erfüllt unser Bedürfnis nach Zugehörigkeit. Kein Wunder also, dass unser Gehirn darauf mit dem starken Impuls von „Ich will mehr“ reagiert. Und ehe wir uns versehen, befinden wir uns in einer emotionalen Abhängigkeit unserer selbst erschaffenen digitalen Identität und müssen diese ständig pflegen, hegen und aktualisieren …

Dinge geben uns Sicherheit

Neben dem Aspekt des Statussymbols gibt es noch eine andere Dimension, was Dinge für uns bedeuten können. Dinge geben uns Sicherheit, etwa indem sie uns ein Gefühl von Vertrautheit, Geborgenheit oder Kontrolle vermitteln: Ein Lieblingsgegenstand, wie der Teddybär oder ein Schmuckstück, kann uns ein Gefühl von Sicherheit und Trost geben. Ebenso kann ein teures Laptop oder hochwertiges Smartphone uns ein besonders sicheres Gefühl der Kontrolle und Verbindung geben, da wir damit wichtige Aufgaben erledigen und mit anderen kommunizieren können.

Dinge sind nicht nur physische Gegenstände. Oft sind sie mit einer emotionalen und psychologischen Bedeutung verbunden: Ein einfacher Ring kann uns an einen geliebten Menschen erinnern. Ein alter Schlüssel kann uns an unser erstes Zuhause erinnern. Diese Gegenstände werden zu Verlängerungen unserer Erinnerungen, unserer Erfahrungen und manchmal sogar unserer Identität.

Aber obwohl materielle Gegenstände Sicherheit bieten können, sollten wir ihre Grenzen erkennen. Materielle Besitztümer können verloren oder kaputt gehen und ihren Wert verlieren. Deshalb dürfen wir uns nicht zu sehr an sie binden oder sogar unseren Selbstwert von ihnen abhängig machen.

Und was ist mit Geld?

Dagobert Duck ist wohl der legendärste Vertreter emotionaler Abhängigkeit von Geld. Nicht das, was man damit kaufen kann, ist für ihn wichtig. Das Geld selbst, die Gewissheit über ein Vermögen zu verfügen, war für ihn wichtig. Ja, es ist ihm im Comic ein Hochgenuss, wie ein Seehund hineinzuspringen und wie ein Maulwurf darin herumzuwühlen, es in die Luft zu werfen und zu genießen, dass es ihm auf die Glatze prasselte.

Auf humorvolle Weise zeigt uns Onkel Dagobert, wie extrem sich eine emotionale Abhängigkeit von Geld äußern kann. Ob Geld besitzen und vermehren zu wollen den Aspekt der emotionalen Abhängigkeit in sich trägt, lässt sich vor allem daran feststellen, ob du dich selbst leer und bedeutungslos fühlst, wenn das Geld, über das du verfügst, weniger wird – oder aber im umgekehrten Fall, wenn es zunimmt, deine innere Leere weicht und ein sattes Wohlgefühl mit jeder weiteren Münze ansteigt.

Auch hier lässt sich wieder die emotionale Abhängigkeit davon, Geld zu besitzen an den fünf Kriterien überprüfen:

Rückversicherung: Denkst du übermäßig oft an dein Geld? Hast du das ständige Bedürfnis, dich deines Geldbesitzes zu versichern? Schaust du täglich auf alle deine Konten und Barvermögen?

Vergleich: Hast du ständig andere, reichere Menschen im Blick?

Zurückstellen anderer Bedürfnisse: Stellst du viele deiner Bedürfnisse stark zurück, um nicht unnötig Geld auszugeben, zu verschwenden, zu verschenken? Opferst du mögliche Genusszeit, um Geld zu sparen oder in dieser Zeit stattdessen deinen Geldbesitz zu mehren? Quält dich der Gedanke, Zeit für irgendetwas anderes zu verwenden, anstatt dein Geld in dieser Zeit zu vermehren? Stimmt für dich: Time is money?

Einschränken der sozialen Kontakte: Ordnest du deshalb deine sozialen Kontakte dem Ziel der Geldmehrung und Geldbewahrung unter? Sind dir soziale Kontakte vielleicht gelegentlich zuwider, weil du darin nur eine Quelle unnötiger Geldausgaben siehst?

Gefühl des Nicht-ohne-sein-Könnens: Stell dir vor, du müsstest ohne der Deinem Maßstab genügenden Menge Geld leben. Könntest du dann weiterhin ein gutes Leben führen?

Test: Bist du emotional abhängig?

Nun hast du die fünf Hauptkriterien der emotionalen Abhängigkeit bereits ausführlich kennengelernt: Vergleich, Rückbesinnung, Zurückstellen anderer Bedürfnisse, Einschränken der sozialen Kontakte und ein Gefühl des Nicht-ohne-Sein-Könnens. Vielleicht hast du dich auch beim Lesen der Ausführungen und Beispiele immer mal wieder selbst erkannt? Das ist schon ein erster, wichtiger Schritt zur Selbstreflexion.

Falls du es ganz genau wissen möchtest, in welchem Ausmaß du emotional abhängig bist, kannst du dir hier mit dem EAT (Emotionaler-Abhängigkeits-Test) einen ersten Überblick verschaffen, wo du im Moment stehst. Bedenke, dass es sich bei allen Dimensionen der körperlichen und psychischen Beeinträchtigungen immer um eine Skala handelt. Gerne kannst du hier in Graustufen denken, nicht in Schwarz oder Weiß. Oder wie es Karl Valentin auf seine unnachahmliche Art und Weise ausdrückt: „Gar ned krank is a ned g´sund."

Kreuze an, inwieweit die folgenden Aussagen auf dich zutreffen.
0 bedeutet: trifft überhaupt nicht zu.
10 bedeutet: trifft in vollem Umfang zu.

Beziehe dich dabei auf den Hauptbereich deiner inneren Gebundenheit. Sei es die emotionale Abhängigkeit davon, Karriere zu machen und einen bedeutsamen sozialen Status zu erlangen oder zu halten, sei es, dich innerhalb einer Beziehung unfrei zu fühlen oder deine Abhängigkeit vom Besitz materieller Dinge zu überdenken.

Dimension Vergleich

Hast du ständig dein „Konkurrenzfeld“ im Blick und vergleichst dich kontinuierlich mit anderen in Bezug auf deinen Hauptbereich (Karriere, Beziehung, materielle Dinge)?

0	1	2	3	4	5	6	7	8	9	10

Dimension Rückversicherung

Hast du das starke und andauernde Bedürfnis, Bestätigung oder Aufmerksamkeit von deinen Mitmenschen in Bezug auf deinen Hauptbereich (Karriere, Beziehung, materielle Dinge) zu bekommen?

0	1	2	3	4	5	6	7	8	9	10

Dimension Zurückstellen anderer Bedürfnisse

Stellst du einige deiner anderen Bedürfnisse (etwa nach Schlaf, Erholung, Kunst, Kultur oder Sport) dauerhaft und stark zurück, um deinen Hauptbereich (Karriere, Beziehung, materielle Dinge) zu bedienen?

0	1	2	3	4	5	6	7	8	9	10

Dimension Einschränken der sozialen Kontakte

Ordnest du deine sozialen Kontakte deinem Hauptbereich (Karriere, Beziehung, materielle Dinge) unter und richtest du deinen Tages- oder Wochenplan dauerhaft danach aus? Für andere Personen bleibt wenig bis kaum Zeit, weil du etwas anderem die absolute Priorität einräumst?

0	1	2	3	4	5	6	7	8	9	10

Dimension Gefühl des Nicht-ohne-sein-Könnens

Stell dir vor, du müsstest ohne diesen Hauptbereich (Karriere, Beziehung, materielle Dinge) leben. Wäre es dir dann unmöglich weiterhin ein gutes Leben zu führen?

0	1	2	3	4	5	6	7	8	9	10

Auswertung

1. Überprüfe, in welchen Dimensionen du **Werte im Bereich 0 bis 4** angekreuzt hast. Diese Dimensionen sind unbelastet. Hast du in allen fünf Dimensionen keinen Wert, der höher ist als 4, dann lautet das Ergebnis: **Es liegt keine emotionale Abhängigkeit bei dir vor.**

2. Prüfe die Dimensionen, in denen du die **Werte 5, 6 oder** 7 angekreuzt hast.
   Hier gibt es einige Tendenzen zur emotionalen Abhängigkeit, auf die du achten solltest.

3. Suche die Dimensionen heraus, in denen du **Werte im Bereich 8 bis 10** angekreuzt hast.
   Hier liegt eine emotionale Abhängigkeit bei dir vor.

4. Nun addiere alle Werte, die du in den fünf Dimensionen der emotionalen Abhängigkeit angekreuzt hast. Sei bitte nicht niedergeschlagen, wenn du einen hohen Wert erreicht hast. Nimm es aber zum Anlass, sorgfältig darüber nachzudenken. Ein hoher Wert bedeutet: Je schneller du dich um dich selbst kümmerst, desto besser ist es für dich. Dein Vorschlag ist gut.

Ergebnis

0-20 Es liegt keine emotionale Abhängigkeit bei dir vor (sofern kein einzelner Wert höher ist als 4, ansonsten gilt die nächsthöhere Kategorie).

21-30 Es gibt einige Tendenzen zur emotionalen Abhängigkeit, auf die du achten solltest.

31-40 Hier liegt eine emotionale Abhängigkeit vor.

41-50 Es ist Zeit zu handeln! Deine emotionale Freiheit wiederzuerlangen, sollte nun deine Hauptpriorität sein.

Emotionale Abhängigkeit ist das Resultat eines Prozesses, der sich aus all den oben beschriebenen Einflussgrößen zusammensetzt. Ausprägung, Verlauf und Befreiung aus der emotionalen Abhängigkeit sind jedoch individuell verschieden und hängen stark von deiner Persönlichkeit und deinem Umfeld ab.

Die Veränderung emotionaler Abhängigkeit ist keine kurzfristige Maßnahme. Sobald du jedoch damit beginnst, dich neu und bewusst zu verhalten, wird dein Weg zur emotionalen Freiheit durch dich selbst gebahnt. Wie bei einem Schneepflug, der sich im Vorwärtsfahren den Weg von Hindernissen und Verwehungen selbst freiräumt. Die langfristige Änderung deiner Denk- und Verhaltensgewohnheiten führt dauerhaft zur emotionalen Freiheit.

Wege aus der inneren Abhängigkeit von Arbeit und Unternehmen

Expertenrat von Maja Günther

Als externe Mitarbeiterberaterin spreche ich täglich mit vielen Menschen, die sich in den unterschiedlichsten Arbeitsverhältnissen befinden: von einfachen und höheren Angestellten über Führungskräfte bis hin zu Selbstständigen und Freelancern. Dabei beobachte ich eine grundlegende Veränderung in der Einstellung der Einzelnen zu ihrer Arbeit sowie den arbeitgebenden Unternehmen und Institutionen. Bis vor wenigen Jahren noch empfand ein Großteil von ihnen eine große, nicht selten auch übergroße Verpflichtung ihrem Job gegenüber. Viele identifizierten sich so sehr mit ihrem Unternehmen, den Kolleginnen und Kollegen und ihren Chefinnen und Chefs, dass sie in einer Art enger Beziehung mit ihrer Arbeit waren – man nannte das gerne „verheiratet". Infolgedessen waren sie sogar bereit, sich – wann immer nötig – dafür aufzureiben, die „Extrameile zu gehen" oder die berühmten „150 Prozent" zu geben. Viele dieser arbeitenden Menschen waren emotional abhängig vom Job und dem Unternehmen und stellten viele andere Bereiche ihres Lebens hintan. Ihr Lebensziel war es, Karriere zu machen, sie lebten für ihre Arbeit.

Seit einigen Jahren allerdings wächst eine neue Generation von Arbeitenden heran, die ganz andere Ziele und Schwerpunkte in ihrem Leben setzen. Diese Entwicklung wird verstärkt durch die massiven Arbeitsplatzveränderungen in der Corona-Zeit, durch den nahen Krieg, durch Wirtschafts- und Rohstoffkrise und nicht zuletzt durch die umwälzenden klimatischen Veränderungen. Die meist jüngeren Erwachsenen sehen Karriere und berufliche Erfolge nicht mehr als das bestimmende Ziel in ihrem Leben, denn sie wissen, dass sie wahrscheinlich im Leben nicht nur einen Job für einen Arbeitgeber machen werden, sondern sich auf Veränderungen und Wechsel einstellen müssen. Sie können sich nicht einmal sicher sein, ob am Ende ihres Berufslebens die Welt noch so ist, wie sie heute ist, und ob das, was sie sich aufbauen, überhaupt noch zählt. Daher fühlen sie sich auch weit weniger ihrer Arbeit und dem Unternehmen gegenüber in der Pflicht, sondern wollen vor allem Beruf und Privatleben in Balance bringen. Konkret heißt das, Quality Time für ihre Familie und ihre Beziehung haben, sich um die eigene Gesundheit und die Erfüllung ihrer Träume oder der persönlichen Bucket List kümmern. Sie sind also emotional weniger von der Arbeit, der Karriere oder dem Unternehmen abhängig als die Generation ihrer Eltern. Und doch sind auch sie in der Regel weit davon entfernt, emotional frei leben zu können. Denn sie haben mit anderen Phänomenen der modernen Arbeitswelt zu kämpfen, besonders der Vermischung von Arbeit und Privatleben durch Homeoffice und den damit verbundenen ungeregelten Arbeitszeiten. Dazu kommt die ständige Erreichbarkeit durch die digitalen Medien, die damit verbundenen mobilen und remoten Arbeitsweisen in Videokonferenzen etc. und die immer wieder aufkommende Frage nach dem Sinn.

Emotionale Abhängigkeit von Job und Unternehmen beginnt beim Arbeitsvertrag

Wer das Thema emotionale Abhängigkeit und Arbeit betrachtet, muss die verschiedenen Ebenen der Abhängigkeiten des Einzelnen zum Unternehmen im Blick behalten, zu sich selbst, zum Team, zur Führungskraft und zum Unternehmen selbst. Die erste Bindung und Abhängigkeit entsteht, wenn ich meinen Arbeitsvertrag bei der Firma unterschreibe, mich verpflichte und mich mit der Firma identifiziere. Hier entsteht ein heikles Ungleichgewicht, über das ich mir im Klaren sein muss. Denn die Firma selbst – weder das Team, noch die Führungskräfte oder die Gründer – hat keinerlei emotionale Bindung an mich.

Eine Firma hat nur das Ziel, so viel Geld wie möglich zu machen – jede Firma. Und dabei geht es erstmal nicht in erster Linie um das Wohl und die Gesundheit der Mitarbeiter an sich. Meist sind sich die Menschen, die ihren Arbeitsvertrag unterschreiben, darüber nicht bewusst. Sie sind vor allem stolz, dass sie diesen Arbeitsplatz bekommen haben, und wollen alles geben, um sich einzufügen. In diesem Moment geben sie ihre Emotionen da hinein, die Firma selbst aber nicht. Ihr Interesse ist es nur, dass die neuen Mitarbeiterinnen und Mitarbeiter so schnell wie möglich so gut wie möglich funktionieren, damit sie so viel wie möglich zum Gewinn der Firma beitragen.

In meinen Beratungen beobachte ich daher nur den Menschen vor mir und frage mich: Ist er gesund und stabil oder ist er überlastet und instabil? Und das ist die entscheidende Frage für alle, für Angestellte und Selbstständige, Führungskräfte und Unternehmensführung. Um innere Stabilität zu erreichen, braucht es emotionale Abhängigkeit zur Arbeit, auch im Sinne eines Unternehmens.

Innere Stabilität im Arbeitsleben

Geht es in meinen Mitarbeiterberatungen um das Thema emotionale Abhängigkeit, arbeite ich mit den Klientinnen und Klienten immer auch heraus, was diesen Zustand auf psychischer Ebene erzeugt – unabhängig davon, wie es um die aktuelle finanzielle oder berufliche Situation steht. Dabei kommen wir immer wieder auf diese vier Faktoren:

- **Grenzen:** Schaffe ich es, die Grenzen meines Körpers und meiner Seele wahrzunehmen, zu akzeptieren, zu setzen und einzuhalten bzw. zu verteidigen?

- **Selbstwert:** Woraus beziehe und wie stärke ich meinen Selbstwert? Was schwächt ihn?

- **Struktur:** Gelingt es mir, mein Alltagsleben so zu strukturieren, dass ich alle meine Aufgaben und Bedürfnisse unter einen Hut bringe?

- **Kommunikation:** Spreche ich das, was ich will und brauche, klar und offen aus? Kann ich mich so verständlich machen, dass mein Gegenüber mich versteht?

Grenzen, Selbstwert, Struktur, Kommunikation – diese vier Faktoren sind miteinander verbunden und beeinflussen sich gegenseitig. Sind sie im Gleichgewicht, bilden sie eine stabile Basis, um emotional frei gegenüber der eigenen Arbeit zu sein und diese mit den privaten

Bedürfnissen in Einklang zu bringen. Gibt es auch nur bei einem Faktor ein Defizit, dann rutscht die Person schnell in die emotionale Abhängigkeit und tut sich schwer, wieder herauszukommen.

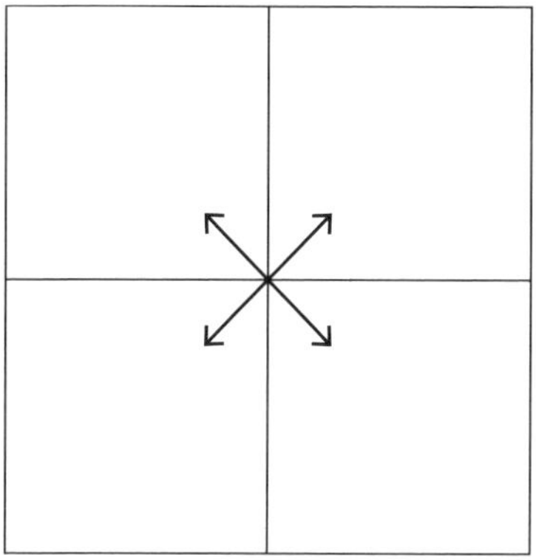

Wie äußert sich das Gleichgewicht oder Ungleichgewicht der vier Faktoren konkret?

Oft höre ich von Führungskräften, dass ihre Angestellten total gestresst sind, obwohl sie alles für die Arbeitenden täten (oder alles, von dem sie denken, das gut für sie sei). Die Arbeitenden jedoch nehmen ihre Arbeit mit nach Hause, um sie dann noch erledigt zu bekommen, und weil sie es seit der Corona-Zeit so gewohnt sind. Aber dort kommen sie noch weniger als im Büro dazu, denn dort lassen sich die Bereiche Arbeit und Familie nicht mehr voneinander trennen, es warten viele andere Verpflichtungen im Haushalt oder mit den Kindern, und sie befinden sich plötzlich in einer emotionalen Zwickmühle.

Eine Frage der Grenzen

Dabei geht es als Erstes immer um Grenzen und darum zu lernen, die eigenen Grenzen so zu setzen, dass es mir guttut. Das ist natürlich schwer, vor allem weil oftmals der schon erwähnte Generationenkonflikt zum Tragen kommt, der zwischen Führungskräften (ältere Generation, also von der alten Schule) und Mitarbeitenden (jünger und mit neuen Lebenszielen) besteht. Da prallt schon einmal der 150-Prozent-Anspruch der Chefin auf das 4-Tage-Woche-Ziel des angestellten Vaters von drei Kindern aufeinander. Doch die Frage ist immer die gleiche: Wie viel Arbeit ist für mich gut?

Diejenigen, die sich überlasten und zu Hause nicht aufhören (können) zu arbeiten, achten nicht auf ihre persönliche Grenze und auf das, was ihre Gesundheit, ihren Körper und ihr Wohlbefinden angeht. Und selbst wenn sie wissen, dass es ihnen guttun würde, weniger zu tun, können sie schlecht ihre Grenzen einhalten oder verteidigen. Andere wiederum setzen die Grenzen oftmals zu früh, wenn sie sagen: „Dann und dann lasse ich meinen Stift fallen und die Arbeit ist beendet!“ und „Jetzt nehme ich mir die Zeit, in der ich mich einfach nur um mein Privatleben kümmere und nicht an die Arbeit denke und nichts anderes stattfindet.“ Immer öfter wird berichtet, dass diese Ansprüche schon im Bewerbungsgespräch geäußert werden, bevor es überhaupt um Inhalte und Arbeitsabläufe geht. Der Grund für dieses als „frech“ empfundene Verhalten liegt darin, dass diese Angestellten von Anfang an verhindern wollen, dass ihre Grenzen übertreten werden – auch aus der Erfahrung heraus, dass die Generation vorher oft aufgrund ihrer Arbeit ausgebrannt ist. Zwar haben die meisten von ihnen irgendwie Karriere gemacht, aber sie alle haben auch mit Überlastung und Burn-out zu kämpfen, das schreckt die Jüngeren ab.

Eine Frage des Selbstwerts

Nun geht es um den Faktor Selbstwert: Wenn ich meinen Selbstwert nicht mehr in dem Maß wie früher durch meine Arbeit bestätigen kann, dann ziehe ich ihn aus meinem Privatleben oder ich versuche, meine Werte im Leben in anderen Bereichen zu suchen, etwa in Hobbys, Reisen etc. Dann ist mein Beruf wirklich nur zum Geldverdienen gut und da mache ich nur das Allernotwendigste. Der Bereich Arbeit verliert dadurch aber auch an Wert und ich definiere mich nicht mehr über sie. Familie und Kindererziehung sind gleich viel wert, manchmal vielleicht auch mehr wert und das macht mich zufrieden.

Das Problem daran ist, dass der Beruf ja auch eine Möglichkeit ist, die eigenen Fähigkeiten ständig weiterzuentwickeln, sie zu zeigen und daran zu wachsen. Wenn die Arbeit nur noch einen unbedeutenden Platz im Leben hat, gibt es auch kein Gleichgewicht. Daher sehe ich die Generation, die Arbeit nur noch als notwendiges Übel ansieht, als eine momentane Gegenbewegung zur älteren Generation. Das wird sich hoffentlich irgendwann in der Mitte einpendeln.

Eine Frage der Struktur

Aber egal, welchen Stellenwert die Arbeit im Leben einnimmt – emotionale Abhängigkeit wird auch durch die derzeit vielen ungeklärten Arbeitssituationen verursacht. Das ist in meinen Beratungen einer der dringendsten Fragen, die für alle Beteiligten sehr schwer zu klären ist: Wie kann ich meine Arbeit und mein Privatleben ins Gleichgewicht bringen, wenn ich ständig beides gleichzeitig bedienen muss? Das ist eine Frage der Struktur. Was ich in meinen Beratungen mit den Klienten mache, ist, Pläne aufzustellen und Übergänge zu üben.

Wir erstellen ganz konkret auf einem Blatt Papier eine Struktur für den Tag. Das beginnt damit, dass meine Klienten sich morgens überlegen, wie viel sie heute arbeiten müssen, wollen und können und wann ihre Arbeit beendet sein kann oder muss? Im zweiten Schritt gilt es, die Arbeit selbst in kleine Einheiten einzuteilen, danach die Verpflichtungen im Privatleben. Und dann üben wir, die Dinge hintereinander zu tun. Also, wenn ich zum Einkaufen gehe, dann checke ich nicht an der Kasse meine E-Mails und gucke, ob eine Nachricht gekommen ist. Ich konzentriere mich aufs Einkaufen, denn das zählt zum Privatleben und hat dort seinen festen Platz für mich oder für meine Familie. Ich trenne also bewusst Arbeitszeit und arbeitsfreie Zeit, auch beispielsweise beim Mittagessen. Dann lege ich das Handy weg und mache den Computer zu, nehme während des Essens keine Anrufe an oder logge mich nicht stumm geschaltet in eine Videokonferenz ein. Wenn ich esse, dann esse ich und genieße diese 15 bis 30 Minuten allein oder zusammen mit Kolleginnen und Kollegen, mit meiner Partnerin oder meinem Partner oder mit meiner Familie.

Welchen Hut habe ich auf?

In dem Zusammenhang gebe ich vielen meiner Klientinnen und Klienten gerne folgenden Gedanken an die Hand.

Denn immer wenn ich zwischen unterschiedlichen Alltagssituationen wechsle, sollte ich mir zu Beginn jeder neuen Situation bewusst machen, in welcher Rolle ich mich gerade befinde. Bin ich Kollegin, Vorgesetzter, Kundin, Vater, Ehefrau, Freund etc.? Es ist wichtig, sich immer den zum Moment passenden Hut aufzusetzen und sich beispielsweise zu sagen: „So, jetzt habe ich meinen Arbeitshut auf, jetzt arbeite ich und mache nichts anderes. Und wenn jemand etwas von mir will, das mit meinem Job nichts zu tun hat, dann sage ich: Ich bin gerade bei der Arbeit, in einer halben Stunde habe ich dieses und jenes Projekt abgeschlossen und dann kannst du mich gerne ansprechen und wir können dein Thema klären." Andersherum funktioniert das auch im Privaten, auch dann kann ich sagen: „So, jetzt bin ich beim Kochen und habe meine Kochmütze auf und bin solange, bis das Essen abgeräumt und abgespült ist, auch für meine beruflichen Kollegen nicht ansprechbar."

In der Regel lässt sich der Alltag ganz gut strukturieren, weil die meisten Termine und Ereignisse vorher bekannt sind, die Klientinnen und Klienten wissen, wann sie Videokonferenzen haben oder telefonieren müssen. Sie können einschätzen, wie lange ein Projekt dauert und wie lange sie von der Arbeit nach Hause brauchen. Wichtig ist eher, sich auch die echten Pausen und Pufferzeiten als feste Termine in die Tagesstruktur einzutragen. Wer immer alle Termine nahtlos aneinanderreiht, muss sich nicht wundern, wenn schon ein einziges unvorhergesehenes Ereignis alles durcheinanderbringt. Die gibt es nämlich täglich!

Eine Frage der Kommunikation

Dennoch klingt eine Tagesstruktur in der Theorie zwar sehr gut, aber in der Praxis ist das nicht immer leicht, sie umzusetzen. Warum? Weil wir mittlerweile in einer Welt leben, in der die Erwartung herrscht, dass alles sofort geschehen muss. Bestelle ich etwas über einen Internethändler, erwarte ich die Ware am nächsten Tag, schreibe ich eine E-Mail oder schicke eine SMS, erwarte ich umgehend Antwort. Und umgekehrt: Ruft mich jemand an, erwartet die Person, dass ich asap zurückrufe. Viele Menschen trauen sich nicht einmal, einen Anrufer durchklingeln zu lassen, wenn sie mit einem anderen telefonieren, sondern tippen dann immer auf „Ich kann gerade nicht sprechen. Kann ich später zurückrufen?" Auch das nährt eine emotionale Abhängigkeit. Mehr noch: Wer sich abhängig davon macht, dass er immer erreichbar ist, ist schnell süchtig nach Erreichbarkeit. Dieser Teufelskreis kann nur unterbrochen werden durch Kommunikation. Es ist so wichtig, anderen mitzuteilen, was ich mache und warum ich es mache: „Ich mache gerade meine Pause und dann bin ich nicht erreichbar."

Zu kommunizieren, was ich brauche, wo meine Grenzen sind und wie meine Strukturen sind, ist nicht leicht. Ich habe das über Jahre für mich persönlich geübt und inzwischen ist es nicht mehr so, dass alle von mir erwarten, dass ich zu jeder Zeit erreichbar bin. Denn diejenigen, die mit mir arbeiten oder die mich kennen, wissen: Wenn ich im Privatleben bin, dann bin ich im Privatleben und nicht zu erreichen oder zu unterbrechen. Und wenn ich arbeite, dann weiß meine Familie, dass ich beim Arbeiten bin und nicht unterbrochen werden möchte.

Natürlich kann das auf beiden Seiten erstmal Kritik oder Enttäuschung auslösen. Hier gilt es, vorzubeugen, indem wir miteinander darüber reden, was wir gerade tun – immer und immer wieder, ohne Vorwürfe, ohne uns zu rechtfertigen. Einfach nur die Situation erklären: „Wenn ich mich nicht gleich zurückmelde, dann bin ich in der Mittagspause. Ich melde mich aber zurück, sobald ich kann." Wenn wir das alle machen, wenn wir darüber sprechen, wie wir unseren Tag strukturieren, dann können das sicher alle verstehen, weil alle irgendwie die gleichen Probleme haben.

Das Interessante daran ist, offen über seine Bedürfnisse zu sprechen. Im Grunde genommen verstehen alle, wenn ich ihnen sage, dass ich mir vorgenommen habe, in der Mittagspause beim Essen nicht auf mein Handy zu schauen. Dann sagen mir alle: „Ah ja, das sollte ich auch mal machen." Ich hab noch nie gehört, dass jemand gesagt hat: „Ja, spinnst du denn? Wie kannst du denn nicht 24 Stunden erreichbar sein?" Im Gegenteil: Viele erzählen dann von ihrem eigenen Druck und berichten von ähnlichen Erfahrungen, die ich auch gemacht habe.

Wie gelingt der Start in ein emotional freies Arbeitsleben?

Die eigentliche Herausforderung besteht darin, das eigene Leben „im laufenden Betrieb" zu verändern, um ein ausgewogenes Verhältnis von Arbeit und Privatleben zu erreichen. Das ist übrigens auch eine der häufigsten Fragen meiner Klientinnen und Klienten. Es ist durchaus kompliziert, denn unser Leben wird von unseren eigenen Gewohnheiten und Routinen genauso geformt wie von den Erwartungen anderer an uns – also von dem, was sie von uns gewohnt sind. Um in diesem Gefüge etwas verändern zu können, braucht es einen klaren Anlass. Daher ist es im ersten Schritt sinnvoll, einen Schritt zurückzutreten, auf das Leben als Ganzes zu schauen und sich klar zu machen, dass Arbeit nur ein Teil des Lebens ist. Eine gute und sehr einfache Methode ist es, an einen normalen Tag sämtliche Tätigkeiten und Aktivitäten zu dokumentieren und zeitlich zu messen, vom Schlaf über Zähneputzen und Toilette, von der Fahrt zur Arbeit bis hin zum Speichern des Projekts – am besten auf die Minute. So entstehen Aufzeichnungen von vielen kleinen Aktivitätseinheiten, die sich zusammenzählen und in vier Kategorien einteilen lassen: Arbeit, Privatleben inkl. Körperpflege, Schlaf, persönliche Interessen.

Übertragen auf ein Kuchendiagramm wird sehr schnell deutlich, welcher Teil am meisten Platz einnimmt und ob sich das Verhältnis der Anteile gut anfühlt. So mache ich eine momentane Bestandsaufnahme meines Lebens, die mir einen ersten Hinweis darauf geben kann, ob ich etwas daran verschieben möchte. In einem zweiten Schritt kann ich mir überlegen, welche Qualität die Bereiche für mich haben, ob ich mich dabei wohlfühle oder sie mir eine Last sind. Und im dritten Schritt kann ich mich fragen, ob ich wirklich voll und ganz dort bin, wo ich bin. Beispielsweise kann ich mich fragen, ob ich gut schlafen kann oder immer wieder wach liege, weil ich so viel Druck vor der nächsten Präsentation habe oder mir Sorgen mache, ob mein Kind die nächste Prüfung schafft. Hier liegen wichtige Hinweise verborgen, die mir Anlass zur Veränderung meiner Situation und meiner Gewohnheiten geben und die ich auch so kommunizieren kann.

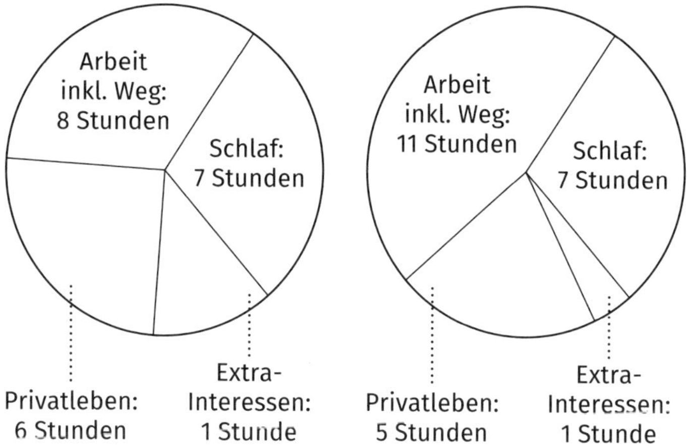

Im Übrigen haben es Menschen, die in keiner festen Beziehung leben oder keine Kinder haben, meiner Erfahrung nach nicht leichter, eine Veränderung herbeizuführen, um die Bereiche ihres Lebens ins Gleichgewicht zu bringen und sich emotional zu befreien. Denn wo keine Familie da ist, ist es oft ungleich schwerer, sich selbst und alleine aufzuraffen und aus einer Schieflage zu befreien. Sie haben kein Gegenüber und müssen sich selbst fragen, womit sie sich eigentlich beschäftigen wollen. Oftmals ist in ihrem Lebenskuchen der Bereich Arbeit übergroß, weil sie nie gezwungen waren, abzuschalten, Grenzen zu setzen und sich um etwas anderes zu kümmern. Bei ihnen ist die emotionale Abhängigkeit von der Arbeit und dem Unternehmen als Ersatzfamilie oft übergroß.

In welcher persönlichen Lebenssituation sich meine Klientinnen und Klienten auch immer befinden, ich rate ihnen immer, sich klar zu machen, welchen Preis sie dafür bezahlen, wenn sie so viel arbeiten, dass sie das Gefühl haben, sie gehen regelmäßig über die eigenen Grenzen. Denn das Leben ist begrenzt. Manchmal frage ich sie auch: „Stell dir vor, morgen wär dein letzter Tag, was würdest du denn dann machen? Wie würdest du deine Zeit aufteilen?" Und meistens kommt dann als erste Antwort: „Also ich würde auf keinen Fall den ganzen Tag zu 150 Prozent arbeiten, sondern ich würde gerne andere Dinge tun." Und dann kommen oft ganz viele Ideen, die ich von diesen Menschen im ersten Augenblick nicht erwartet hätte.

Wer kann dabei helfen, ein emotional freies Verhältnis zur Arbeit zu finden?

Ich bin überzeugt davon, dass Führungskräfte einen entscheidenden Teil dazu beitragen können, dass ihre Angestellten ein emotional unabhängiges und doch verantwortliches Verhältnis zu ihrer Arbeit finden können. Denn sie können es vorleben – oder eben nicht. Wenn ich eine Führungskraft habe, die zum Beispiel selbst nie eine Mittagspause macht oder rund um die Uhr erreichbar ist, dann tue ich mich schwerer, Pausen einzufordern. Selbst wenn sie mir sagt, es sei in Ordnung.

Oft erzählen mir Führungskräfte, dass ihre Angestellten letztlich ja aus der Abhängigkeit zur Arbeit nicht rauskommen, dass sie nie abschalten können, obwohl sie das Feedback bekommen, es sei genug. Und dann frage ich sie jedes Mal, wie sie selbst arbeiten und ob sie sich selbst auch zugestehen, dass es genug ist. Das ist für viele ein

Aha-Erlebnis. Dann erst erkennen sie, dass es auch beim besten Willen nicht glaubwürdig ist, der Mitarbeiterin oder dem Mitarbeiter zu sagen: „Achte doch auf deine Ausgeglichenheit und auf deine Work-Life-Balance", wenn sie selbst als jemand, der für sein Tun geschätzt und vielleicht sogar bewundert wird, rund um die Uhr arbeitet. Hier muss sich etwas in der Kultur der Unternehmen ändern und glücklicherweise tut es das in den letzten Jahren auch.

Denn eine Führungskraft kann auch eine anerkennende und offene Arbeitskultur vorleben und sagen: „Heute haben wir was Großes geschafft, jetzt geht doch mal zwei Stunden früher nach Hause." Alles eine Frage der Haltung und der Kommunikation. Allein ein Hinweis wie „Komm, wir gehen jetzt mit gutem Gewissen nach Hause, hier wird nichts passieren bis morgen." kann die Sicherheit sein, die Mitarbeitende brauchen. Wie sehr jemand über seine eigenen Grenzen geht, ist also auch eine Führungsfrage.

Ähnlich ist es mit den Bereichen Struktur, Kommunikation und Selbstwert: Gerade im Arbeitsbereich sind wir stark davon abhängig, wie wir im Team miteinander arbeiten, wie wir führen und geführt werden. Beginnen wir also, die Bereiche Schritt für Schritt für uns selbst zu bereinigen, dann tun wir das nicht nur für uns selbst und unsere emotionale Freiheit, sondern auch für die Veränderung der Arbeitskultur.

Maja Günther berät seit 15 Jahren Unternehmen und Institutionen als Externe Mitarbeiterberaterin (EAP) und leitet Workshops und Seminare in Mitarbeiter:innen- und Führungskräfte-Teams.

Dein Weg zu innerer Freiheit

Nun hast du dir die häufigsten möglichen emotionalen Abhängigkeiten bewusst gemacht. Vielleicht hast du auch mithilfe des Tests festgestellt, wo deine „Gefahrenzonen“ liegen. Das ist bereits ein wichtiger Schritt auf dem Weg zu mehr innerer Freiheit und Unabhängigkeit. Jetzt laden wir dich ein, diesen Weg zu beginnen und unabhängiger zu werden.

Auf den folgenden Seiten haben wir bewährte Impulse und Übungen zusammengestellt, die hilfreich dabei sein können, mehr und mehr Bereiche emotionaler Freiheit zu entwickeln. Die einzelnen Impulse bieten dir die Möglichkeit, genauer auf das zu blicken, was für dich ganz besonders zählt. Manche dieser Impulse sind für dich wichtiger, andere weniger. Manche dieser Impulse erreichen dein Herz, andere deinen Verstand. Einige werden dir neue hilfreiche Sichtweisen auf dich, deine Mitmenschen und die Welt eröffnen. Ob du dich dabei von Impuls 1 beginnend durch alle Impulse hindurcharbeitest oder mit dem Impuls beginnst, der dich am meisten anspricht, ist dabei gleichermaßen wirksam. Die Erfahrung zeigt, dass die Umsetzung neuer Ideen und neuer Verhaltensweisen am leichtesten fällt, wenn du dich jeden Tag nur auf eine einzige Erkenntnis fokussierst. Zum Beispiel, wie im Impuls 13 vorgeschlagen, dir einen ganzen Tag lang immer wieder die Frage zu stellen: Tut mir das gut, was jetzt gerade stattfindet? Wie fühle ich mich jetzt? Was spüre ich jetzt in meinem Körper? Tut mir das gut?

Einen Tag lang deine Aufmerksamkeit immer wieder auf das zu richten, was du gerade besonders intensiv erforschen möchtest, ist die effektivste Technik, deine emotionale Freiheit wiederzuerlangen oder zu festigen. Am nächsten Tag kannst du dann einen weiteren Impuls zu deinem Forschungsprojekt erklären. Nachdem du alle dir wichtigen Impulse jeweils einen Tag besonders intensiv im Fokus hattest, beginne wieder von vorne. Wiederholung ist der Basisfaktor bei allem, was dir zu lernen wichtig ist. Ja, Wiederholung ist wirklich die Mutter allen Studierens – nicht nur wenn du Latein lernst ...

Während du dich mit den Impulsen und Übungen beschäftigst, sei offen für neue Erkenntnisse und Erfahrungen. Es wird hilfreich, regelmäßig zu reflektieren und deine Fortschritte zu beobachten – vielleicht hältst du sie in einem Tagebuch fest oder machst dir kurze digitale Notizen. Die eigene Weiterentwicklung rückblickend nachvollziehen zu können, ist gerade im Bereich der Persönlichkeitsentwicklung immer wieder motivierend und aufschlussreich. Nimm dir die Zeit, um dich selbst besser kennenzulernen und herauszufinden, welche Veränderungen du in deinem Leben vornehmen möchtest, um emotional freier und unabhängiger zu sein.

Denke aber immer daran, dass der Prozess der inneren Freiheit Zeit und Geduld erfordert. Sei liebevoll und nachsichtig mit dir selbst, wenn du auf Herausforderungen oder Rückschläge stößt. Jeder Schritt, den du in Richtung emotionaler Freiheit machst, ist wertvoll und bringt dich näher zu einem erfüllten und selbstbestimmten Leben.

Was bedeutet innere Freiheit für dich?

Emotionale Freiheit kann für jeden Menschen etwas Individuelles bedeuten. Sie ist eine persönliche Erfahrung und Empfindung, die von unseren eigenen Werten, Bedürfnissen und Lebenserfahrungen geprägt ist. Für die einen bedeutet es, frei von Ängsten oder Selbstzweifeln zu leben, andere möchten im Einklang mit ihren inneren Werten oder Überzeugungen leben, ohne die Erwartungen anderer erfüllen zu müssen – eine allgemein gültige Definition zu finden, ist so gut wie unmöglich.

In diesem Buch geht es aber um deinen ganz individuellen Weg zur inneren Freiheit. Deshalb beginnen wir damit, das Ziel des Weges für dich festzulegen: Wohin möchtest du eigentlich laufen, was bedeutet innere Freiheit für dich ganz persönlich?

Übung:
Brainstorming

Denk darüber nach, was innere, emotionale Freiheit für dich bedeutet. Erlaube dir, frei und kreativ zu denken. Hier sind einige Fragen und Impulse, die dir helfen können, deine Antwort zu finden:
Welche Bilder kommen dir in den Sinn, wenn du an emotionale Freiheit denkst? Stelle dir vor, wie es aussieht, wenn du dich emotional frei fühlst. Welche Farben, Landschaften oder Szenen tauchen in deinem Geist auf?

Welche Gedanken kommen dir, wenn du an emotionale Freiheit denkst? Gibt es bestimmte Überzeugungen oder Denkmuster, die du mit emotionaler Freiheit in Verbindung bringst?

Welche Worte oder Sätze beschreiben für dich am besten emotionale Freiheit? Welche Ausdrücke oder Phrasen drücken dieses Gefühl für dich aus?

Welche Gefühle verbindest du mit emotionaler Freiheit? Ist es ein Gefühl von Leichtigkeit, Gelassenheit, Freude, innerem Frieden oder etwas ganz anderes? Lasse diese Gefühle in dir aufsteigen und erkunde ihre Nuancen.

Welche Körperempfindungen treten auf, wenn du an emotionale Freiheit denkst? Spürst du eine Entspannung, Leichtigkeit oder eine andere Empfindung, die für dich mit emotionaler Freiheit verbunden ist?

Gibt es bestimmte Worte, Lieder oder Filmsequenzen, die dich an emotionale Freiheit erinnern oder sie für dich verkörpern? Denke an Texte, Melodien oder visuelle Darstellungen, die dieses Gefühl in dir hervorrufen.

Während du dich diesen Fragen hingibst, erlaube dir, ganz du selbst und in deiner Antwort wirklich frei zu sein. Lasse deine Gedanken, Gefühle und Vorstellungen fließen, ohne Einschränkungen. Denn innere, emotionale Freiheit ist ein subjektives Erleben und kann für jeden Menschen einzigartig sein.

Notiere dir hier, was dir spontan in den Sinn kommt.

Innere Freiheit bedeutet für mich:

Magst du ein paar Leseproben haben von dem, was uns bisher dazu erreichte?

N. (34, w): Emotionale Freiheit ist für mich, dass ich so mit mir im Reinen (…) bin, dass mein Befinden, meine Gefühle von äußeren Faktoren nicht so leicht „gekippt" werden können. „Die Ruhe IM Sturm". Da gibt es dieses Bild von einem Vogelnest im Unwetter – das beschreibt es ganz schön.

J. (23, w): Emotionale Freiheit bedeutet für mich an oberster Stelle die Liebe zu mir selbst. In den letzten Jahren war ich nur dann emotional abhängig, wenn ich nicht selbst meine höchste Priorität war, sondern andere/anderes über mich und mein Wohlbefinden gestellt habe.

D. (29, w): Emotionale Freiheit bedeutet für mich, sein zu können und den anderen sein zu lassen. Vielleicht verbinde ich dieses Gefühl auch mit Verständnis und auf jeden Fall mit Liebe.

A. (58, w): Frei fühle ich mich immer dann, wenn ich mit Menschen zusammen bin, bei denen ich mich nicht richten muss, nicht verstellen muss. Mit denen und vor denen ich keine Angst empfinde. Wenn ich emotional abhängig bin, richte ich mich nur nach den Emotionen der anderen und vergesse meine eigenen Empfindungen dabei. Meine eigenen Gefühle sind nicht mehr frei. (…) Ich kontrolliere mich immer sehr stark, an welcher Stelle ich welche Emotion rauslasse. Ich berechne innerlich voraus, wie das beim Gegenüber ankommen könnte.

D. (40, w): (…) Mich frei zu fühlen, mich nicht davon leiten lassen zu müssen davon, was jemand anderes möchte. Auch die Spannung aushalten zu können, wenn jemand mit einem unzufrieden ist. Oder sogar zu wissen es gibt Streit, wenn ich das jetzt so oder so mache, und es mir dennoch wichtiger ist, dass ich jetzt für mich selbst einstehe.

J. (25, m): Gerade gestern hatte ich eine spannende Situation: Ich hatte ein sehr detailliertes Modell gebaut, das mich gut drei Monate Zeit gekostet hat. Jetzt, beim Umzug, war die Frage: Mitnehmen oder wegwerfen? Ich habe mir die Freiheit genommen, es wegzuwerfen, weil ich für mich beschlossen habe, dass das Entwickeln und Bauen und das, was ich dabei gelernt habe, wichtiger war, als es jetzt zu haben und (...) einen Platz dafür in meinen Räumen frei halten zu müssen. Hierbei spürte ich deutlich die emotionale Freiheit, an dieses wichtige Objekt nicht gebunden zu sein.

S. (21, m): Seit frühester Jugend habe ich irgendwie danach gestrebt, Anerkennung (...) im Fußball zu bekommen. Und dafür habe ich mich selbst immer wieder hintenangestellt und war nicht ehrlich zu mir selbst. Heute ist es mir viel wichtiger, am Ende des Tages in den Spiegel schauen zu können und mein Gesicht vor mir selbst gewahrt zu haben. Damit meine ich zum Beispiel auch, dass ich kein gutes Spiel gemacht habe beim Fußball oder dass ich meinen Trainern mal abgesagt habe, weil ich am Samstag etwas anderes vorhabe. Das hätte ich mich früher nie getraut, aus Angst, ich könnte die Anerkennung der Zuschauer oder des Trainers verlieren.

E. (58, w): Für mich fühle ich mich emotional frei, wenn ich zufrieden bin. Wenn ich nichts brauche, nichts haben „muss" – oder es mir eben nur einbilde zu brauchen. Immer dann, wenn ich einfach zufrieden bin mit dem, wie es gerade ist. Dann fühle ich mich emotional frei. Das bezieht sich für mich auf alle Bereiche. Ganz gleich, ob das jetzt Bezie-

hungen sind oder irgendwelche Gefühle oder überhaupt irgendwas. Für mich bedeutet emotionale Abhängigkeit immer, dass ich einen Mangel verspüre und ich den irgendwie ausgleichen will durch andere Dinge oder Menschen.

I. (66, w.): Emotionale Freiheit, das heißt, ich bin die Frau über mein Wollen, treffe eigene Entscheidungen, vertraue meinen eigenen Impulsen und definiere mich nicht über die Zuwendung, welche ich von außen bekomme. Ich kann guten Gewissens eine Mauer zwischen mir und anderen ziehen, welche mich schützt und es mir ermöglicht, auch mal Nein zu sagen, ohne mich gleich schlecht zu fühlen. Ich kann Bindungen eingehen und sie auch wieder lösen, wenn sie mir nicht guttun. Ich muss niemandem gefallen, mir nichts beweisen und ich zerbreche nicht daran, wenn es Menschen gibt, die mich nicht mögen. Ich gestatte niemandem, über meine Grenzen zu gehen, meinen Willen zu missachten und meine Gefühle zu verletzen. Ich bin nicht das, was andere in mir sehen, und muss mich auch nicht der Meinung anderer über mich anpassen. Ich lasse nicht von außen meine Wertigkeit bestimmen.

A. (49, w.): Emotionale Freiheit bedeutet für mich: Ich lasse mich nicht manipulieren, muss keinen Erwartungen entsprechen und darf mich abgrenzen, innerlich und inhaltlich, um mich zu schützen.
(…) Ich bin emotional stabil und brauche keinen anderen Menschen, um stabil zu sein. Das heißt nicht, dass ich allein durchs Leben gehen will oder mit niemandem Sorgen und Nöte teilen möchte. Ich kann aber auch dann, wenn eine bestimmte Person nicht da ist, der Wunschpartner fehlt, mich selbst regulieren und stabil und sicher fühlen.

V. (66, w.): Emotional frei zu sein bedeutet für mich, mich selbst niemals aufzugeben. Wenn man sich selbst aufgibt, keine eigene Meinung mehr hat, nichts mehr für sich selbst tut, keine Verantwortung für sich selbst und das eigene Leben mehr hat, sondern das dem Partner oder der Partnerin überlässt, dann begibt man sich in eine emotionale Abhängigkeit, die eigentlich nichts mehr mit Partnerschaft zu tun hat, sondern viel mehr eine Unterwürfigkeit ist.

F. (37, m.): Emotionale Freiheit bedeutet für mich (...) Mut zur Konfrontation auch mit negativen Emotionen. Genauso betrifft das auch die Sehnsucht nach bestimmen Emotionen und ein dieser Sehnsucht angepasstes Verhalten - also dieser Sehnsucht im Verhalten und auch Denken eben nicht nacheifern zu wollen. Mich von einer emotionalen Bedürftigkeit lösen zu können. Emotionale Freiheit bedeutet für mich vielleicht sogar, gar nicht so klar zwischen negativen und positiven Emotionen zu unterscheiden.

J. (41, w.): Emotionale Freiheit ist sehr vielschichtig. Früher habe ich es jedem recht machen wollen, dabei habe ich mich selbst unter Druck gesetzt ... damit war keinem ein Gefallen getan. Durch Therapie habe ich gelernt, auf meine Gefühle zu hören. Ich habe gelernt klitzekleine Kleinigkeiten wertzuschätzen, zum Beispiel mich für Sachen zu bedanken, die selbstverständlich sind, oder jemanden für Kleinigkeiten zu loben. Es macht wirklich Freude zu sehen, wie es bei meinen Mitmenschen ankommt, sie bekommen gleich bessere Laune und geben dir unbewusst etwas zurück.

S. (48, w.): Emotionale Freiheit bedeutet für mich, mich nicht verstellen zu müssen. Einfach man selbst zu sein (...) ohne Show – wenn ich mir das erlauben kann, dann bin ich emotional frei. Wenn ich die Wahl habe, mit wem ich Zeit ver-

bringen darf, und nicht muss. Ohne Druck und schlechtem Gewissen. Und das Ganze auch spontan, dann geht's mir gut.

N. (51, w.): Emotional frei sein heißt aber auch, nicht zu viele Erwartungen zu haben! Und man kann natürlich abhängig sein, von so vielen: Freunden, Kollegen, Partnern, Nachbarn! Ich glaube jedoch auch nicht, dass man sich völlig frei machen kann von emotionaler Abhängigkeit. Die Balance zu finden, emotional so frei wie möglich zu sein und doch liebevoll warmherzig und mitfühlend zu sein, das ist die Herausforderung.

Kannst du all diese Äußerungen den unterschiedlichen Themenfeldern zuordnen? Viele handeln von der Abhängigkeit von Partner, Partnerin oder der Familie, andere drehen sich um die Abhängigkeit von Dingen oder Tätigkeiten. Aber in all diesen persönlichen Überlegungen tauchen immer wieder einige grundlegende Überlegungen auf:

Einerseits besteht der Wunsch nach Freiheit, Autonomie, „mein Ding machen", eigenen Impulsen folgen, authentisch ICH sein wollen, unbeeinflusst durch die Meinung und Wünsche Anderer.

Andererseits besteht der Wunsch nach Verbundenheit, Angenommensein in meiner Einzigartigkeit, in meinem Abweichen von den Vorstellungen des Gegenübers. Wie kann also emotionale Freiheit in Verbundenheit gelebt werden?

Der Wissenschaftler Peter Fiedler formulierte es so: Das Ziel ist, die sozial bezogene Autonomie zu erlangen. Oder andersherum formuliert: Das Ziel ist die autonome Sozialbezogenheit. In anderen Worten. Mach Dein Ding und schau, wo die **anderen stehen**. Beziehe dich in deinem Tun und Lassen auf die anderen und schau dabei gleichzeitig darauf, wo **du stehst, was du brauchst**.

Ein Auge nach innen – ein Auge nach außen.

Emotionale Freiheit bedarf somit für jede Person einer anderen Schwerpunktsetzung:

Hast du bisher beide Augen nach außen gerichtet, geht es als Pendelbewegung erst einmal darum, beide Augen nach innen zu richten. Wacher zu werden, was DU brauchst und was nicht. Was DU möchtest und was nicht.

Hast du bisher beide Augen nach innen gerichtet, geht es als Pendelbewegung erst einmal darum, beide Augen nach außen zu richten. Wacher zu werden, was die anderen brauchen und was nicht. Was die anderen möchten und was nicht.

Ganz offensichtlich besteht die größte Aufgabe für die meisten jedoch darin, bewusster darüber zu werden, was sie selbst brauchen. Und sich das dann auch zuzugestehen.

Wer bist du?

Eingangs hast du schon einige Gedanken bezüglich der Vielschichtigkeit eines jeden Menschen gelesen. Jeder von uns hat viele verschiedene Persönlichkeitsaspekte – Puzzleteile – die alle zusammen dein ganz persönliches Bild von dir ergeben. Deine Persönlichkeit ist wie ein komplexes Puzzle, bestehend aus verschiedenen Eigenschaften, Talenten, Erfahrungen und Überzeugungen. Jedes Puzzleteil repräsentiert einen Teil von dir, seien es deine Stärken, Schwächen, Interessen, Werte, Ziele oder Erfahrungen. Jeder Aspekt deiner Persönlichkeit ist wichtig und trägt zu deiner Einzigartigkeit bei – die positiven genauso wie die negativen.

Um emotional frei zu sein, braucht es die grundlegende Fähigkeit, dich selbst zu lieben. Dich selbst zu lieben, setzt voraus, so viele Puzzle-Teile wie möglich von dir zu kennen, idealerweise alle Anteile, die zu dir gehören. Dich selbst zu lieben, bedeutet aber auch – wie bei der Liebe zu einer anderen Person –, dass die vielen Teile in dir trotz oder gerade wegen ihrer Unterschiede lernen müssen, einander zu lieben. Vielleicht tust du dich schwer, alle Puzzleteile in dir zu lieben. Versuche trotzdem, all den Anteilen in dir liebende Akzeptanz und Wertschätzung entgegenzubringen, statt sie in den Keller deines Bewusstseins zu verbannen oder wann immer sie auftauchen, voll Verachtung auf sie zu blicken.

Übung:
Wer und was gehört alles zu dir?

Wie würdest du deine Puzzleteile beschriften? Benenne so viele Puzzleteile wie möglich mit Namen oder zeichne ein für dich stimmiges Symbol für sie ein (Engelchen, Teufelchen, sportliches, lesendes, tanzendes, arbeitendes, liebendes, hassendes, trauriges, albernes, ernstes, faules, fleißiges … Puzzleteilchen).

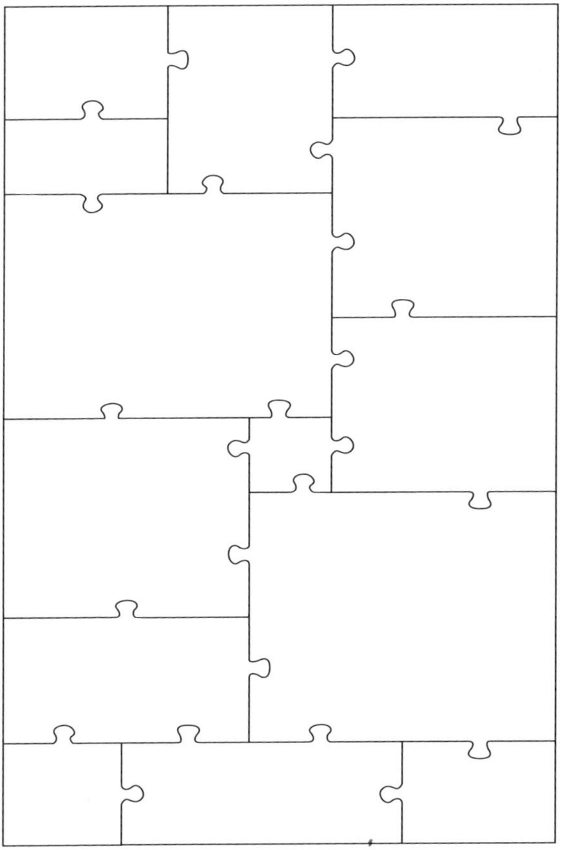

Betrachte nun dein Puzzle. Ist es vollständig? Vielleicht stellst du fest, dass du noch nicht zufrieden bist. Es gibt immer Potenzial für Wachstum, Entwicklung und die Entdeckung neuer Puzzleteile, die dein Bild ergänzen können.

Wahrscheinlich wirst du aber vor allem auch Teile entdecken, die nicht deiner persönlichen Idealvorstellung entsprechen, die sich gegenseitig widersprechen oder die du gerne ändern würdest. Erkenne erst einmal an, dass dein Puzzle einzigartig ist und dass es keine „richtige" oder „falsche" Art gibt, es zu gestalten. Wir alle haben unsere eigenen individuellen Puzzleteile, die zusammen ein einzigartiges Bild ergeben.

Ein kleines Wort kann dir dabei helfen, deine vielen Puzzleteile immer als Ganzes im Blick zu behalten, sie als Teil von dir zu akzeptieren und mit einem milden, wertschätzenden Auge zu betrachten. Das kleine Wort „auch" spielt dabei eine wichtige Rolle.

Dieses einfache Wort erinnert uns daran, dass es in Ordnung ist, verschiedene Aspekte, Gedanken und Gefühle in uns zu tragen. Es lädt uns ein, diese Vielfalt anzunehmen und anzuerkennen – ohne dass wir uns davon überwältigen oder in Widersprüche verstricken lassen müssen. Es erlaubt uns, unsere Komplexität zu würdigen und uns selbst mit liebevoller Akzeptanz zu betrachten.

Indem du dich selbst mit einem „auch" betrachtest, erkennst du an, dass du nicht perfekt sein oder eine einheitliche, homogene Identität haben musst. Du darfst dich in all deinen Facetten, Widersprüchen und Veränderungen annehmen. Es eröffnet dir die Möglichkeit, dir selbst mitfühlend und wertschätzend zu begegnen, egal, welche Puzzleteile du gerade betrachtest.

Wenn du die Einladung des „Auch“ annimmst, kann es dich von innerem Druck und Selbsturteilen befreien. Lass es wirken – es ermutigt dich, dich selbst liebevoll anzunehmen und alle deine Puzzleteile als wertvollen Teil deiner Persönlichkeit zu sehen. So kannst du dich auf den Weg zu mehr innerer Freiheit machen, ohne dich von deinen eigenen Komplexitäten einschränken zu lassen. Akzeptiere dich so, wie du bist, mit all deinen Facetten und Puzzleteilen, denn sie gehören zu dir und machen dich einzigartig.

Während du deine Puzzleteile betrachtest, sage dir bei jedem einzelnen Teil: „Das bin ich auch.“ Wiederhole das für jeden Teil auf deinem Bild. Es spielt keine Rolle, ob es sich um etwas Positives oder Negatives handelt. Erlaube dir, alles anzuerkennen und zu akzeptieren, was zu dir gehört, und ermutige dich, noch mehr Aspekte deiner selbst zu entdecken.

Wer sind die anderen?

Natürlich gilt dieses „Auch“ für jeden Menschen, der dir begegnet. Auch jedes Gegenüber hat viele Puzzleteile, hat viele Auchs. Erlebst du einen Menschen als schwierig, dann solltest du realistischerweise sagen, dass ein Puzzleteil dieses Menschen – nennen wir es Persönlichkeitspuzzleteil 1 – der schwierige Andere ist. Es gibt aber auch Persönlichkeitspuzzleteil 2, das Puzzleteil deines Gegenübers, das am Nachmittag auf dem Sportplatz eine begehrte Spielpartnerin oder ein begehrter Spielpartner ist. Es gibt an diesem Puzzleteil nichts zu beklagen. Persönlichkeitspuzzleteil 3 ist vielleicht ein Aspekt deines Gegenübers, der viel Interessantes über Kunst, Kultur, Erotik, Experimente einbringt.

Wie du hat auch jeder Mensch, dem du begegnest, nahezu unendlich viele Puzzlestücke, die seine Persönlichkeit ausmachen. Jeder hat sein Teufelchen in sich, sein Engelchen, den gelangweilten Anteil, das Innere Kind, die erwachsene Person ... ganz zu schweigen von den sogenannten Disowned-Self-Anteilen, den Anteilen in dir und in jedem anderen, über die wir uns nicht bewusst sind – die aber trotzdem Puzzleteile der eigenen Gesamtpersönlichkeit darstellen.

Es stellt sich also die Frage: Auf welche Teilpersönlichkeit beziehe ich mich, wenn ich jemand anderen als schwieriges, manipulierendes, narzisstisches Gegenüber bezeichne? Bin ich mir bewusst, dass das Gegenüber - genau wie ich selbst - niemals in seiner Gesamtheit als Person problematisch ist?

Übung:
Foto mit Datum

Eine Technik, deine Achtsamkeit zu erhöhen und offen zu bleiben für die Vielschichtigkeit eines jeden Menschen, ist folgende:

Gewöhne dir an, jeweils Datum und Uhrzeit als kleine Fußnote – als Indiz – dazuzudenken, wenn du einem Menschen begegnest. Ganz gleich ob dein Gegenüber eine dir sehr vertraute und bekannte Person oder eine unbekannte Person ist.

Um zu verhindern, dass du durch die von dir gewählten Worte falsche oder begrenzende Vorstellungen erzeugst, ist es eine gute Angewohnheit, jeweils Zeitindizes in Verbindung mit der Namensnennung zu bringen. Wenn du zum Beispiel Lea triffst, kannst du, anstatt schablonenhaft zu denken: „Ach, da kommt ja Lea", dir angewöhnen zu denken: „Aha, da kommt Lea, jetzt am 29.04.2023 um 11:20 Uhr". Dann bliebe jedes Mal die interessante Frage: „Welche Lea treffe ich jetzt gerade? Die Lea, die gestern einen neuen Job bekommen hat und jetzt sehr happy darüber ist? Die Lea, die, als wir uns das letzte Mal vor acht Wochen gesehen haben, noch nicht wusste, wie es weitergehen soll, und die sehr deprimiert darüber war? Die Lea, die ...." Mit deiner neuen Angewohnheit, ein Zeitindiz innerlich dazuzudenken, erweitert sich dein Blick auf jede Person, die dir begegnet.

Lea ist nicht nur einfach Lea, die immer und überall die Gleiche ist, sondern Lea ist Viele:

Lea 15.08.2023 22:00 ______________________

Lea 29.04.2023 11:20 ______________________

Lea 28.04.2023 14:00 ______________________

Lea 31.03.2023 18:00 ______________________

Mit der Zeitindizierung „Lea, 29.04.2023, 11:20 Uhr" wäre eine genauere Beschreibung von Lea in der aktuellen Situation gegeben und könnte abgegrenzt werden von der Bezugnahme auf eine Lea, die sich vor vier Wochen ganz anders gefühlt und verhalten hat. Auch wenn diese Zeitindizierung bestimmt gewöhnungsbedürftig ist, hilfst du dir selbst, so achtsam wie möglich zu sein auf das, was gerade im Hier und Jetzt beim anderen und mit dem anderen anders ist.

Du und die anderen

Karl Jaspers, ein Philosoph und Psychiater aus Heidelberg, formulierte es bereits 1913 in seinen Worten so: „Menschlich aber bedeutet die klassifikatorische Feststellung des Wesens eines Menschen eine Erledigung, die bei näherer Besinnung beleidigend ist und die Kommunikation abbricht."

Und genau das ist die Herausforderung im Kontakt mit anderen: Einerseits geht es darum, offen zu sein für die Vielschichtigkeit in jedem von uns. Zum anderen darum, dich vor Vereinnahmung oder ungesunder abhängiger Beziehung zu schützen. Das ist nicht immer leicht und wird besonders schwierig, wenn das Gegenüber besonders viele ungesunde Puzzleteile in sich trägt. Tatsache ist, dass mindestens jeder fünfte Mensch psychische Störungen aufweist. Ulrike Ehlert hat in ihrem Buch „Psychologie im Krankenhaus“ 1998 sogar aufgezeigt, dass bei internistischen und chirurgischen Patienten sogar jede zweite bis dritte Person neben ihrer körperlichen, rein somatischen Erkrankung auch eine psychische Störung aufweist.

Bei ungefähr zehn Prozent aller Menschen, denen du begegnest, kannst du wissenschaftlich nachweisbar Merkmale beobachten, die als Persönlichkeitsstörungen diagnostiziert werden können. Persönlichkeitsstörungen werden immer dann diagnostiziert, wenn eine Person sich immer wieder auf die gleiche Art und Weise anderen gegenüber verhält, egal, wer sein Gegenüber ist, und egal, wie passend oder unpassend das eigene Verhalten von der gegebenen Situation her ist. Menschen mit Persönlichkeitsstörungen sind Menschen, denen die eigene emotionale Freiheit fehlt. Ihr tiefsitzendes Denk- und Verhaltensmuster lässt ihnen nicht die Freiheit, im Mittelpunkt stehen zu wollen oder unbemerkt in der Menge der Gäste sich als eine oder einer unter vielen wohlzufühlen. Sie „müssen“ im Mittelpunkt stehen oder „müssen“ sich absondern oder sich sogar in eine stille Ecke in der Bibliothek schleichen, um endlich wieder inmitten des Festtrubels allein sein zu können. Persönlichkeitsstörungen entstehen in der Lebensgeschichte einer Person als „Lösung“ für schwierige oder als traumatisch erlebte Interaktionssituationen. Daher sind Persönlichkeitsstörungen als normale psychische Anpassungsprozesse aufzufassen, die aber leider zu vielen Problemen im Kontakt mit anderen führen können.

Emotional schwierige und emotionale Freiheit einschränkende Verwicklungen entstehen vor allem mit Menschen, deren Bestreben darin besteht, Nähe und Wichtigkeit bei anderen auf manipulative Art und Weise herzustellen. Sie manipulieren deshalb, weil sie nie gelernt haben, eine Verbundenheit mit anderen auf gesunde Art und Weise herzustellen – oder weil sie panische Angst haben, mit sich alleine zu sein. Kurzum, sie suchen auf manipulative Art und Weise, was sie sich selbst nicht geben können: Liebe und Geborgenheit. Sie tun sich deshalb so schwer damit, weil sie ein innerer Anteil ständig kritisiert, erniedrigt und ihnen verbietet, liebevoll und wertschätzend mit sich selbst zu reden. Deshalb ist ihr Hunger nach Bewunderung so groß. Die Manipulationsmuster sind unterschiedlich, weshalb verschiedene Bezeichnungen für diese Manipulationsstörungsgewohnheiten existieren:

- *narzisstische Persönlichkeitsstörung*
- *histrionische Persönlichkeitsstörung*
- *dependente Persönlichkeitsstörung*
- *selbstunsichere Persönlichkeitsstörung*

Auf der anderen Seite kannst du immer wieder auch auf Menschen treffen, deren Zurückweisung du als Zeichen deiner mangelnden Liebenswürdigkeit fehlinterpretieren kannst. Dies wird vor allem durch Menschen ausgelöst, bei denen die Unfähigkeit zur Selbstliebe so tief sitzt, dass sie sogar darauf verzichten, Kontakte mit anderen haben zu wollen. Sie gehen davon aus, dass ihnen die anderen eh nur Schaden zufügen werden. In der Folge haben sie ihre natürliche, menschliche Sehnsucht nach Liebe und Angenommensein vor sich selbst so tief vergraben, dass sie sich ihrer oftmals selbst nicht mehr bewusst sind.

Diese Menschen stellen deshalb aktiv Distanz her zu anderen, die ihre Nähe oder gar Partnerschaft mit ihnen suchen. Ihre Manipulationsstrategien beziehen sich darauf, ihre Interaktionspartner auf Distanz zu halten. Auch hier existieren verschiedene sich wiederholende Verhaltens- und Denkmuster, wie andere auf Distanz gehalten werden. Die verschiedenen Bezeichnungen dafür sind:

- *passiv-aggressive Persönlichkeitsstörung*
- *schizoide Persönlichkeitsstörung*
- *paranoide Persönlichkeitsstörung*
- *zwanghafte Persönlichkeitsstörung*

Deine Selbstliebe ist Voraussetzung, um Verbundenheit mit anderen zuzulassen und in emotionaler Freiheit genießen zu können. Unabhängig davon welche einschränkenden Verhaltensmuster dein Gegenüber haben mag. Mehr Selbstliebe ist die Voraussetzung dafür, deinen Weg in die emotionale Freiheit gehen zu können, für dich allein oder mit anderen.

Was kannst du?

Da nun die Frage „Wer bin ich?“ mit der Antwort „Viele!“ bereits bestens beantwortet ist, lohnt es sich, eine Bestandsaufnahme zu erstellen, was du kannst und was du nicht kannst. Ein wichtiger Aspekt emotionaler Freiheit besteht nämlich auch darin, dich selbst realistisch sehen zu können. Das macht dich frei davon, wie andere dich sehen.

Natürlich ist es schön, von anderen zu hören, was an dir liebenswert ist und was sie an dir wertschätzen. Aber es fällt dir viel leichter, das auch anzunehmen, wenn du dich selbst schon als liebenswertes, wertvolles Geschöpf wahrzunehmen vermagst. Und wenn die anderen aus ihren ungesunden Mustern heraus meinen, dich abwerten zu müssen, kannst du das leichter bei ihnen belassen – ohne es dir „reinzuziehen“ und fälschlicherweise als objektive negative Rückmeldung zu verbuchen. Mit einem klaren Blick auf all das, was du kannst und was du nicht kannst, hast du die stabilste Start- und Landebahn für Selbstliebe und gesunde Verbundenheit mit anderen. Nimm dir also die Zeit, dich mit deinen eigenen Qualitäten, Fähigkeiten und Grenzen auseinanderzusetzen.

Übung:
Was kannst du

Was ist es, was dir zuerst einfällt bei der Frage:
Was kann ich?

Was hilft dir, Schwierigkeiten, die in deinem Alltag auftauchen, besser zu bewältigen? Was hilft dir, deine Ziele leichter zu erreichen? Welche Fähigkeit hilft dir, im Leben voranzukommen – hin zu mehr Lebensfreude? Lass deine Gedanken wandern.
Vielleicht bist du kreativ und kannst gut malen, schreiben, musizieren oder handwerkliche Arbeiten erledigen. Diese kreativen Fähigkeiten können dir dabei helfen, deine Gedanken auszudrücken, dich zu entspannen und dich selbst zu verwirklichen.
Vielleicht kannst du gut zuhören und Menschen in schwierigen Situationen unterstützen. Deine Fähigkeit, einfühlsam zuzuhören und mitfühlend zu reagieren, ermöglicht es dir, anderen beizustehen und sie zu ermutigen.
Vielleicht bist du organisiert, kannst effizient planen und Aufgaben erledigen. Das kann dir helfen, den Überblick über deine Aufgaben und Ziele zu behalten und sie systematisch anzugehen.
Vielleicht bist du flexibel und anpassungsfähig. Du kannst dich gut auf Veränderungen einstellen und dich neuen Situationen anpassen. Diese Fähigkeit ermöglicht es dir, Herausforderungen anzunehmen und Lösungen zu finden.
Vielleicht kannst du gut Probleme lösen. Du findest Freude daran, komplexe Probleme zu lösen und kreative Lösungswege zu finden.

- Ich kann:

- Ich kann:

- Ich kann:

- Ich kann:

- Ich kann:

- Ich kann:

• Ich kann:

Blicke nun noch einmal auf die Liste mit deinen Fähigkeiten und erlaube dir, einen Moment stolz auf dich zu sein. Möchtest Du einiges davon abschreiben und für dich sichtbar machen? Vielleicht hängst du dir ein Post-it neben den Badspiegel oder legst dir einen kleinen Zettel ins Portemonnaie. Sorge in jedem Fall dafür, dass deine ganz persönlichen Fähigkeiten für dich immer präsent sind.

Wenn du dich mit deinen eigenen Fähigkeiten verbindest, wirst du in Zukunft bewusst darauf zurückgreifen, um Herausforderungen zu meistern und deine Ziele zu erreichen. Identifiziere dazu die Fähigkeiten, die dir besonders gut dabei helfen, und erkenne ihre Bedeutung für dich an. Indem du deine Stärken nutzt und weiterentwickelst, kannst du im Leben vorankommen und eine größere Lebensfreude erfahren.

Was kannst du nicht?

Der Blick auf all das, was du nicht kannst, hilft dir dabei, deine emotionale Freiheit zu stabilisieren. Denn wenn du weißt, was du nicht kannst, bist du freier davon, wie andere dich sehen – wie sie dich beurteilen. Wenn jemand, um dich zu manipulieren, den Finger in eine vermeintliche Wunde deines Nicht-Könnens legt und du entspannt sagen kannst: „Ja, ich weiß – das kann ich nicht", verliert Kritik seine manipulative Kraft. Du weißt um das, was du nicht kannst – und niemand kann dich damit manipulieren oder dir damit schlechte Gefühle machen. Auch mit einem klaren Blick auf all das, was du nicht kannst, hast du eine sehr stabile Start- und Landebahn für Selbstliebe und gesunde Verbundenheit mit anderen: Du weißt, dass du ein fehlbares menschliches Wesen bist. Das manches kann und manches nicht kann, das manches weiß und manches nicht weiß. Mensch eben! Du bist die Person, die du bist, und keine andere. Du brauchst dich nicht klein fühlen und du brauchst dich nicht groß fühlen. Du kannst das Leben leben, das dir sinnvoll erscheint. Du bist so, wie du bist, auch wenn dich dein Gegenüber nicht so nimmt.

Dein So-Sein hängt nicht von der Anerkennung anderer ab. Du als Mensch bist die Person, die du bist, mit einem ganzen Bündel von Vorteilen, aber auch mit einem ganzen Bündel von Nachteilen. Du kannst eine gesündere Haltung dir selbst gegenüber finden, die dein Leben von Woche zu Woche besser werden lässt. Bei unveränderter Sichtweise und bei unveränderter Verhaltensweise der anderen Menschen dir gegenüber.

Deshalb schaue nun hin auf all das, was du nicht kannst. Beantworte dir die Frage: „Was kann ich nicht?"

Übung:
Was kannst du nicht?

Was ist es, was dir zuerst einfällt bei der Frage: Was kann ich nicht? Wobei fühlst du dich manchmal schlecht und wann minderwertig?

Vielleicht fühlst du dich in bestimmten technischen oder handwerklichen Bereichen unsicher. Es kann sein, dass du Schwierigkeiten hast, Computerprobleme zu lösen, Reparaturen durchzuführen oder bestimmte Werkzeuge zu verwenden. In diesen Bereichen fehlt es dir an Fachwissen oder praktischen Fähigkeiten.

Vielleicht hast du Schwierigkeiten, in öffentlichen Redesituationen aufzutreten oder dich vor einer größeren Gruppe von Menschen auszudrücken. Lampenfieber oder Unsicherheit in solchen Situationen können dazu führen, dass du dich minderwertig oder nicht in der Lage fühlst, dich angemessen auszudrücken.

Vielleicht hast du Schwierigkeiten, dich gut zu organisieren und den Überblick über deine Aufgaben zu behalten. Zeitmanagement, Planung und Priorisierung können für dich herausfordernd sein, was dazu führt, dass du dich manchmal überfordert oder minderwertig fühlst.

Vielleicht fühlst du dich in zwischenmenschlichen Beziehungen unsicher oder hast Schwierigkeiten, Konflikte zu lösen. Es kann sein, dass du dich in bestimmten sozialen Situationen unbehaglich fühlst oder Schwierigkeiten hast, deine Bedürfnisse und Grenzen klar auszudrücken. Das kann dazu führen, dass du dich minderwertig oder nicht in der Lage fühlst, gute Beziehungen aufzubauen.

Vielleicht kannst du aber auch einfach nicht richtig gut kochen und greifst so oft es geht auf fertige Produkte zurück.

- *Ich kann nicht:*

- *Ich kann nicht:*

- *Ich kann nicht:*

- Ich kann nicht:

- Ich kann nicht:

- Ich kann nicht:

- *Ich kann nicht:*

Nun betrachte deine Liste. Und dann mach dir bewusst: Es ist normal, dass es Bereiche gibt, in denen wir uns weniger kompetent oder sicher fühlen. Es ist jedoch wichtig, diese Bereiche nicht als Anlass für negative Selbstbewertungen zu nehmen. Jeder Mensch hat Stärken und Schwächen, und es ist in Ordnung, nicht alles perfekt zu können. Anstatt dich minderwertig zu fühlen, kannst du anerkennen, dass du in bestimmten Bereichen noch Entwicklungspotenzial hast.

Nach dieser kleinen Forschungsreise in deine Fähigkeiten im Allgemeinen wollen wir uns noch einmal den Umgang mit anderen Menschen genauer ansehen.

Übung:
Was kannst du mit anderen

Gerade im Umgang mit anderen Menschen sind wir oft streng mit uns selbst. Hier gibt es verschiedene Fähigkeiten und Kompetenzen, die wir besitzen und weiterentwickeln können.

Überlege, wie gut du dich ausdrücken und mit anderen kommunizieren kannst. Bist du in der Lage, deine Gedanken klar zu formulieren und auf andere einzugehen? Kannst du aktiv zuhören und dich in andere einfühlen? Kommunikative Fähigkeiten sind entscheidend für den Aufbau und die Pflege von Beziehungen.

Wie gut bist du in der Lage, die Gefühle und Bedürfnisse anderer Menschen zu erkennen und darauf einzugehen. Empathie ermöglicht es dir, Verständnis und Mitgefühl zu zeigen und Beziehungen auf einer tieferen Ebene zu gestalten.

Wie gehst du mit Konflikten um? Kannst du sie konstruktiv lösen, Kompromisse finden und Win-Win-Lösungen anstreben? Das ist wichtig, um harmonische Beziehungen aufrechtzuerhalten und Konflikte produktiv zu bewältigen.

Überlege, wie gut du in der Lage bist, mit anderen zusammenzuarbeiten und in einem Team zu arbeiten. Kannst du deine Fähigkeiten einbringen und dich auf die Stärken anderer verlassen? Teamarbeit erfordert Zusammenarbeit, Flexibilität und die Fähigkeit, auf andere zuzugehen.

Wie gut bist du in der Lage, deine eigenen Grenzen zu erkennen und zu kommunizieren. Kannst du „Nein“ sagen, wenn du etwas nicht möchtest oder überfordert bist? Das Setzen von Grenzen ist wichtig, um deine eigenen Bedürfnisse zu wahren und gesunde Beziehungen aufzubauen.

Identifiziere hier Bereiche, in denen du bereits gut bist, und erkenne deine Fähigkeiten an. Gleichzeitig kannst du auch die Bereiche erkennen, in denen du noch wachsen möchtest. Das hilft dir, gezielt an deinem Umgang mit anderen zu arbeiten und dich weiterzuentwickeln. Sei dabei geduldig mit dir selbst und öffne dich für neue Lernmöglichkeiten und Erfahrungen im zwischenmenschlichen Bereich. Kreuze einfach an, wie gut du folgende Verhaltensweisen im Kontakt mit anderen Menschen umzusetzen vermagst.

0 bedeutet überhaupt nicht
10 bedeutet sehr gut

Wenn du einen Wert unter 5 angekreuzt hast, schreibe in die Zeile darunter den Gedanken, der dich in der Vergangenheit am meisten daran gehindert hat. Überlege dir dann in der nächsten Zeile, welcher Gedanke dir dabei helfen könnte, dich ab jetzt leichter so zu verhalten, wie du es gerne möchtest.

Auf andere zugehen										
0	1	2	3	4	5	6	7	8	9	10

Hinderlich

Hilfreich

Auf Kontaktangebote reagieren										
0	1	2	3	4	5	6	7	8	9	10

Hinderlich

Hilfreich

Gespräche beginnen										
0	1	2	3	4	5	6	7	8	9	10

Hinderlich

Hilfreich

Gespräche aufrechterhalten										
0	1	2	3	4	5	6	7	8	9	10

Hinderlich

___

___

___

___

___

___

Hilfreich

___

___

___

___

___

___

Gesprräche beenden

0	1	2	3	4	5	6	7	8	9	10

Hinderlich

Hilfreich

Erwünschte Kontakte arrangieren

0	1	2	3	4	5	6	7	8	9	10

Hinderlich

Hilfreich

Um einen Gefallen bitten										
0	1	2	3	4	5	6	7	8	9	10

Hinderlich

Hilfreich

Forderungen stellen										
0	1	2	3	4	5	6	7	8	9	10

Hinderlich

Hilfreich

Unberechtigte Forderungen ablehnen										
0	1	2	3	4	5	6	7	8	9	10

Hinderlich

Hilfreich

Lob äußern										
0	1	2	3	4	5	6	7	8	9	10

Hinderlich

Hilfreich

Lob aktiv annehmen										
0	1	2	3	4	5	6	7	8	9	10

Hinderlich

Hilfreich

Kritik äußern										
0	1	2	3	4	5	6	7	8	9	10

Hinderlich

Hilfreich

(Unberechtigte) Kritik ablehnen										
0	1	2	3	4	5	6	7	8	9	10

Hinderlich

Hilfreich

(Berechtigte) Kritik annehmen										
0	1	2	3	4	5	6	7	8	9	10

Hinderlich

Hilfreich

Sich Fehler zugestehen										
0	1	2	3	4	5	6	7	8	9	10

Hinderlich

Hilfreich

Schwächen eingestehen

0	1	2	3	4	5	6	7	8	9	10

Hinderlich

Hilfreich

Sätze mit „Ich“ beginnen										
0	1	2	3	4	5	6	7	8	9	10

Hinderlich

Hilfreich

Blickkontakt aufnehmen und halten										
0	1	2	3	4	5	6	7	8	9	10

Hinderlich

Hilfreich

Direkt das eigene Anliegen ansprechen										
0	1	2	3	4	5	6	7	8	9	10

Hinderlich

Hilfreich

Sich öffentlicher Beachtung aussetzen

0	1	2	3	4	5	6	7	8	9	10

Hinderlich

Hilfreich

Gefühle offen zeigen

0	1	2	3	4	5	6	7	8	9	10

Hinderlich

Hilfreich

Nein sagen										
0	1	2	3	4	5	6	7	8	9	10

Hinderlich

____

____

____

____

____

____

Hilfreich

____

____

____

____

____

____

Versuchungen widerstehen										
0	1	2	3	4	5	6	7	8	9	10

Hinderlich

Hilfreich

Änderungen bei störendem Verhalten verlangen										
0	1	2	3	4	5	6	7	8	9	10

Hinderlich

Hilfreich

Widerspruch äußern										
0	1	2	3	4	5	6	7	8	9	10

Hinderlich

Hilfreich

Unterbrechungen im Gespräch unterbinden										
0	1	2	3	4	5	6	7	8	9	10

Hinderlich

Hilfreich

Sich entschuldigen										
0	1	2	3	4	5	6	7	8	9	10

Hinderlich

Hilfreich

Was bist du wert?

Ganz egal, wieviel du kannst oder nicht kannst – erst wenn es dir gelingt, die Begriffe „Selbst“ und „Selbstwert“ kritisch zu hinterfragen, lösen sich viele selbstwertbezogene Probleme in Luft auf. Lass uns deshalb zuerst den Begriff „Selbstkonzept“ von allen Seiten betrachten und danach einen genauen Blick auf das Konzept des persönlichen Wertes werfen: Viele Abhängigkeiten stehen im Zusammenhang mit einem negativen Selbstkonzept. Oft wird jedoch das Selbst, das Wesen, deine „wahre Art“, das, was du bist, verwechselt mit dem, was du tust.

Dein Verhalten ist das, was du tust, wie du dich verhältst. Dein Verhalten lässt sich beobachten – von dir selbst und von anderen. Du kannst aufzählen, was du kannst und nicht kannst. Aber dein Selbst, dein innerstes Wesen, ist dir oft nicht bewusst. Die aus der griechischen Antike stammende Forderung „Erkenne dich selbst“ müsste besser übersetzt lauten: „Erkenne dein Selbst“. Die tiefste Essenz deines Bewusstseins, der Urgrund deines individuellen Seins – das ist es, was als „dein Selbst“ bezeichnet werden kann.

„Selbst-Bewusstsein“ bedeutet auf der tiefsten Ebene deshalb: „Ich bin mir meines innersten Selbsts bewusst“. Im Alltag sprechen wir jedoch fast nie davon, dass ich mein Innerstes nur mangelhaft wahrnehmen kann und es mir deshalb an Selbstbewusstsein fehlt. Im Alltag verwechseln wir meistens Verhalten mit Sein. Deine Aufmerksamkeit liegt überwiegend auf dem, was du tust. Gelingt manches nicht oder nicht gut genug, fühlen sich viele Menschen schlecht. Und wenn nach zwei, drei Anläufen immer noch kein Erfolg eingetreten ist, geben viele auf, ziehen sich zurück, haben vermeintlich „ihr Selbstbewusstsein verloren".

Verwechsle nie das, was du tust, mit dem, was du bist!

Das ist durchaus nicht ganz einfach. Von klein auf hast du nämlich Sätze gehört wie: „Oh! Du hast mir Blümchen gepflückt, du bist aber lieb!" Oder das Gegenteil: „Oh! Du hast meine Lieblingsvase kaputt gemacht, du bist böse!" Und manchmal sogar: „Geh in dein Zimmer und lass dich nicht mehr sehen. So ein böses Kind wie dich mag ich nicht mehr um mich haben!" Derartige Sätze haben unser negatives Selbstbild geprägt. Die rationale, realistische Version hingegen hätte in etwa so lauten können: „Oh, du hast mir Blümchen gepflückt. Das hast du ganz schön gemacht. Darüber freue ich mich sehr!" Oder: „Oh, du hast meine Lieblingsvase kaputt gemacht. Ich ärgere mich sehr darüber, dass du hier im Wohnzimmer Ball gespielt hast. Lass das bitte zukünftig bleiben!"

Was du meist gelernt hast, ist: Ich tue etwas, was anderen gefällt, und damit bin ich gut. Ich tue etwas, was anderen nicht gefällt, und damit bin ich schlecht. Da du nicht schlecht sein willst, hast du angefangen, so oft wie möglich das zu tun, was anderen gefällt. In diesem Gut-sein-Wollen, Wertvoll-sein-Wollen hast du dich emotional abhängig gemacht von der Bewertung durch andere.

Aber Vorsicht! Andere können dich nie als Person kritisieren oder wertschätzen, sondern nur dein Verhalten. Und gleichermaßen: Du kannst nur das Verhalten des anderen kritisieren oder wertschätzen, niemals seine Person. So verständlich diese realistische Sichtweise auch ist, so wenig hindert sie die meisten Menschen daran, weiterhin ein negatives Selbstkonzept zu pflegen. Eben weil sie hartnäckig glauben, dass das, was sie tun, das ist, was sie sind. Noch dazu wird das Ganze getoppt durch unsere Fähigkeit zu subjektiver Wahrnehmungsverzerrung.

Dabei ist ein Selbstkonzept immer nur eine Stichprobe aller bisherigen Lebenserfahrungen eines Individuums. Meistens ist diese Stichprobe aber nicht repräsentativ und damit ergeben sich bezüglich des Selbstkonzepts Probleme.

Ein Beispiel: Lukas hat letzte Woche in der Therapiestunde berichtet, dass er heute Morgen auf dem Weg vom Kühlschrank zur Bratpfanne das Frühstücksei hat fallen lassen. Sofort dachte er daran, dass er letzte Woche beim Auspacken aus der Einkaufstasche eine ganze Packung Eier zu Rührei auf dem Küchenboden verwandelt hatte. Dann fiel ihm auch noch ein, wie er bei seinem ersten Ferienjob in einem Supermarkt eine ganze Palette Eier mit dem Warenstapler zu Fall gebracht hatte. Ihm erschien es also völlig logisch und angemessen, mit voller innerer Überzeugung zu denken: „Ich bin (!) der Eierdepp."

Natürlich weigert sich sein Gehirn in diesem Moment, auch nur ein einziges Ei gegenzurechnen, das unversehrt von ihm vom Supermarkt in den Kühlschrank und unversehrt vom Kühlschrank in die Pfanne gelangte. Alle (wahrscheinlich Tausende) unversehrt verarbeitete Eier zählen in diesem Moment nicht. „Ich bin (!) ein Eierdepp, basta!"

Deshalb raten wir dir, ebenso wie es Lukas vermittelt wurde, dich mit folgendem Gedanken anzufreunden:

Von einem rationalen Standpunkt aus betrachtet ist es günstiger, gar kein Selbstkonzept zu haben, weil jegliches Konzept, das wir über uns selbst erstellen, doch nie der Wirklichkeit entsprechen wird.

Befreie dich von deiner inneren Bewertung

Wenn du unbedingt bewerten möchtest, dann bewerte das, was du gerade getan hast. Aber bewerte dich niemals als ganze Person. Bewerte, wenn du unbedingt bewerten möchtest, das, was die oder der andere gerade getan hat. Aber bewerte sie oder ihn niemals als ganze Person.

Die psychisch gesündeste Haltung besteht wohl darin, sich – wie jeden anderen Menschen auch – als fehlbares menschliches Wesen zu würdigen. Ein zweifellos auf Tatsachen basierendes Konzept.

Die Schlussfolgerung ist tiefgreifend und befreiend: Du kannst nun den emotional abhängig machenden Versuch aufgeben, dich über gute Handlungen zu einem guten und erfolgreichen Menschen machen zu wollen.

Praxistipp

Du kannst deine emotionale Unabhängigkeit ganz wesentlich steigern, indem du dir immer wieder den Unterschied von Handeln und Sein bewusst machst. Trenne streng zwischen „Tun“ und „Sein“.

Sollte eine Prüfung danebengehen, kannst du dann den Satz „Ich habe die Prüfung nicht bestanden." bedauernd aussprechen. Das Bedauern hat eine rationale Basis: Die mit dem Bestehen der Prüfung einhergehenden Vorteile sind dir nun (erst einmal) verwehrt. Die weitergehende Schlussfolgerung daraus, als Mensch durch und durch und in allen Bereichen des Lebens deshalb jetzt erwiesenermaßen eine Versagerin oder ein Versager zu sein, ist dann allerdings nicht mehr möglich.

Im Alltag finden wir jedoch nicht nur die Vermischung von „Handeln" und „Sein". Die allermeisten Personen, die in eine emotionale Abhängigkeit von wem oder was auch immer geraten sind, gehen in solch einer Situation üblicherweise sogar noch einen Schritt weiter. Sie ziehen für sich dann die Schlussfolgerung: „Nicht nur, dass ich die Prüfung nicht bestanden habe und deshalb eine Versagerin oder ein Versager ‚bin', belastet mich, sondern die Tatsache, dass ich jetzt der ganzen Welt gezeigt habe: ‚Ich bin wertlos!', mein Wert als Mensch ist jetzt gleich Null!" In dem Moment aber, in dem jemand sich durch und durch für wertlos erachtet, sind Rückzug, Hemmungen, Depressionen, im schlimmsten Falle Suizidgedanken naheliegend und mehr als nachvollziehbar.

Dieser „Selbstmisswertschätzung" kannst du jedoch erfolgreich dadurch entgegengetreten, dass du dir wieder und wieder den Unterschied von „Sein" und „Handlung" vor Augen hältst. Das Ziel dabei ist klar. Es geht darum, diese Erkenntnis tief in dir zu verankern: Deine einzelnen Eigenschaften und Verhaltensweisen kannst du natürlich einschätzen und bewerten. Aber es gibt keinen Zaubertrick, wonach (nach einem bestimmten Wertmaßstab!) aus gutem und wertvollem Handeln ein gutes und wertvolles Sein resultieren könnte – genauso wenig wie das im Negativen der Fall ist. Nicht akzeptiert und geliebt zu werden, ist für die meisten Menschen definitiv eine schmerzliche Erfahrung. Und dennoch wäre es eine falsche Schlussfolgerung zu denken: „Das ist jetzt aber wirklich der Beweis, dass ich wertlos bin, weil niemand mich akzeptiert oder liebt."

Andererseits ist akzeptiert und geliebt zu werden für die meisten Menschen definitiv eine positive Erfahrung. Und doch erlaubt sie nicht die Schlussfolgerung: „Ich bin jetzt wertvoll, weil mich andere mögen."

Die Zauberformel, die sich zur Auflösung der Selbstwertproblematik bewährt hat, heißt deshalb radikale Akzeptanz: *Ich akzeptiere mich völlig und bedingungslos. Ich würdige ab jetzt meine Verhaltensweisen, Eigenschaften und Erfahrungen und verzichte darauf, ein Urteil über mich selbst als Ganzes zu fällen.*

Damit machst du dich frei. Emotional frei. Du kannst in jedem Moment immer auf das schauen, was du getan hast und was du nicht getan hast, was du das nächste Mal besser zu tun gedenkst, was du genau so noch einmal tun möchtest und was du nicht mehr tun möchtest. Damit stehst du dir selbst und allen übrigen Menschen völlig tolerant gegenüber. Damit hörst du auf, über dich und andere globale Urteile abzugeben.

Und wenn du dein **Selbst**-Bewusstsein im tiefsten Sinne des Wortes steigern möchtest, nimm dir einfach jeden Tag ein paar Minuten Zeit. Zeit in dir, mit dir, in Stille in deinem **Selbst** zu **sein**. Wichtig ist, dass du auf dich selbst achtest. Auf das In-dir-Ruhen.

Erinnere dich immer wieder daran, dass weder übertriebenes Lob noch übertriebene Kritik anderer an dir irgendetwas mit deinem Wert als Mensch zu tun haben. Arbeite an deinem Selbstwertgefühl, denn sonst läufst du immer wieder Gefahr, abhängig von dem positiven Feedback zu werden und von der Zurückweisung getroffen zu werden.

Was kannst du dir selbst geben?

Erinnerst du dich an die Ausführungen zu den Basismotiven und Grundbedürfnissen, die wir als Menschen alle haben? Wir alle streben nach Anerkennung, nach dem Gefühl, wichtig für andere zu sein. Wir sehnen uns nach verlässlichen und solidarischen Beziehungen, nach Autonomie und der Möglichkeit, unser eigenes Ding zu machen. Wir möchten, dass unsere Grenzen von anderen respektiert werden. Letztendlich suchen wir alle nach Liebe und wollen keinen Schmerz erfahren.

Aus dieser Erkenntnis heraus hältst du dich an eine wichtige Regel: „Was du nicht willst, das man dir tut, das füge auch dir selbst nicht zu!“ Mach dir bewusst, dass du selbst für dein Glück und dein Wohlergehen verantwortlich bist. Behandle dich selbst mit dem gleichen Respekt, den du auch von anderen erwartest. Indem du dich an diese Regel hältst, setzt du klare Grenzen für dich selbst und andere. Du sorgst dafür, dass deine Bedürfnisse und Wünsche respektiert werden und du nicht in schmerzhafte Situationen gerätst. Du handelst aus Selbstliebe und Selbstfürsorge, indem du dich von Menschen und Situationen distanzierst, die dir nicht guttun.

Diese Regel erinnert dich daran, dass du die Macht hast, gesunde Beziehungen aufzubauen und toxische Beziehungen zu beenden. Nimm Abstand von Menschen, die deine Grenzen nicht respektieren oder dir Schmerz zufügen. Wähle stattdessen Beziehungen, die auf gegenseitigem Respekt, Unterstützung und Liebe basieren. Indem du dich selbst achtest und deine eigenen Bedürfnisse priorisierst, schaffst du ein Umfeld, in dem du dich sicher und erfüllt fühlst. Du förderst gesunde Beziehungen, in denen du dich angenommen und wertgeschätzt fühlst. Du erkennst, dass Liebe und Wertschätzung in einer Beziehung gegenseitig sein sollten und dass du es verdienst, in solchen Beziehungen zu sein.

Indem du dich an diese Regel hältst, erinnerst du dich immer wieder daran, dich selbst liebevoll zu behandeln und dein Wohlergehen zu priorisieren. Nur so kannst du ein Leben erschaffen, das auf gesunden Beziehungen, Selbstliebe und Wachstum basiert.

Übung: Zeig dir deine Liebe

Erfülle dir selbst deine Basisbedürfnisse. Lieb dich, anstatt dich innerlich unaufhörlich zu kritisieren! Make **love** visible!

Erfülle dir selbst dein Bedürfnis nach Anerkennung, Wertschätzung und positiver Sichtweise auf dich:

Zeig dir jeden Tag mit vielen kleinen Gesten, Worten und Handlungen, dass du dich magst: Lächle dich an, wann immer du an einem Spiegel vorbeikommst.

Sei dir selbst dein liebevollstes Gegenüber. Bleib in allen Situationen wertschätzend dir selbst gegenüber.

Sei stolz auf dich, wenn du deine Sache gut gemacht hast. Gib dir immer wieder auch laut ausgesprochen Anerkennung: „Hey, das hast du echt gut gemacht!“ In der psychologischen Forschung hat sich gezeigt, dass

Worte tiefer gehen, wenn wir mit uns selbst in der zweiten statt in der ersten Person sprechen. Wenn du zu dir sagst: „Das hast du echt gut gemacht!" geht das tiefer in dein Gefühl der Selbstanerkennung, als wenn du sagen würdest: „Das habe ich echt gut gemacht!"

Sei dir selbst wichtig und kümmere dich um dich selbst.

Gewöhne dir ab zu denken und zu sagen: „Ach – egal..." Denke und sage stattdessen ab jetzt: „Oh, es ist mir gerade etwas zu kühl – ich hole mir noch eine Jacke, bevor wir gehen." oder „Ich werde jetzt noch eine Tasse Tee trinken, bevor ich weitermache, ich habe gerade einen recht trockenen Hals." Was du möchtest und brauchst, um dich wohlzufühlen, ist eben nicht egal, sondern wichtig.

Nimm dich auf praktischer Ebene in diesen vielen kleinen Alltagsdingen selbst wichtig. Zeige dir selbst deine Liebe zu dir, genauso wie du sie einem Menschen zeigst, den du sehr magst.

Pflege eine verlässliche Beziehung mit dir.

In guten wie in schlechten Tagen ... geh freundlich mit dir um! Tröste dich liebevoll, wenn etwas schiefgeht. Verzeih dir, wenn du einmal „Mist gemacht" hast und lerne daraus. Sprich dir Mut zu, wenn die Situation schwierig ist. Ermahne dich, wenn du dich gehen lässt.

Sei solidarisch mit dir.

Trau dir selbst etwas zu und unterstütze dich selbst.

Nutze die dir hilfreichsten inneren Selbstanweisungen, die dir zur Verfügung stehen. Schau dir die Sammlung hilfreicher Gedanken am Ende des Buches an. Achte auf deine Autonomie. Mach dein Ding.

Achte darauf, nicht aus einer untergeordneten Position zu sprechen und zu agieren. Halte Blickkontakt.

Frage nicht, wenn du die Antwort selbst findest.

Setze dir selbst Grenzen, aber tu dir selbst niemals Gewalt an. Formuliere deine Interessen klar, freundlich und gelassen. Sage nein, wenn du nein meinst, und nur ja, wenn du auch wirklich ja meinst.

Entscheide bewusst, was du tust und was du nicht tun möchtest. Sei realistisch und überfordere dich nicht. Setze dir selbst immer wieder gesunde Grenzen.

Was glaubst du?

Im Laufe dieses Buches ist dir schon mehrfach der Begriff „Glaubenssatz“ untergekommen. Dabei handelt es sich um eine tief verwurzelte Überzeugung, die wir über uns selbst, andere Menschen oder die Welt im Allgemeinen haben. Glaubenssätze sind wie Filter oder Linsen, durch die wir unsere Erfahrungen interpretieren und in unser Denken und Handeln integrieren. Sie prägen unsere Wahrnehmung, beeinflussen unsere Gefühle und steuern unser Verhalten.

Glaubenssätze können positiv oder negativ sein. Entweder stärken sie uns, fördern ein gesundes Selbstbild und unterstützen uns dabei, unsere Ziele zu erreichen. Oder sie begrenzen uns, erzeugen Zweifel und können uns davon abhalten, unser volles Potenzial zu entfalten.

Egal ob positiv oder negativ, Glaubenssätze entstehen auf verschiedene Arten. Sie können durch Erfahrungen in der Kindheit geprägt werden, durch Überzeugungen, die wir von unseren Eltern, Lehrern oder anderen Autoritätspersonen übernommen haben, oder durch wiederkehrende Muster und Ereignisse in unserem Leben. Der weitverbreitetste Glaubenssatz, den die meisten Menschen tief in sich tragen, den sie in voller Überzeugung glauben, der ihnen tiefste Wahrheit zu sein scheint, lautet: Ich bin nicht liebenswert!

Wenn du das glaubst, wirst du dich schwerlich selbst lieben können. Und im Kontakt mit anderen wirst du immer das Gefühl haben, ungeliebt zu sein. Glaubst du, dass du nicht liebenswert bist, dann fühlst du dich auch so. Machen andere dir Komplimente, loben dich und zeigen dir auf vielfältige Art und Weise ihre Liebe, passt dies nicht zu deinem Gefühl, zu deinem Glauben nicht liebenswert zu sein. Du wirst deshalb anderen misstrauen und ihnen unterstellen, dich zu belügen. Erst wenn du dich selbst für liebenswert hältst, kannst du auch glauben und fühlen, von anderen geliebt und anerkannt zu werden. Genau deshalb sagte wohl das weiße Kaninchen aus „Alice im Wunderland“ zu Alice: „Als ich dich das erste Mal sah, schloss ich einen Pakt mit mir selbst: ‚Ich werde es vermeiden, dich zu lieben, bis du lernst, dich selbst zu lieben.‘ “

Wenn du wissen möchtest, wie du es lernen kannst dich selbst zu lieben, versuche diese Übung. Sie kann dir helfen, den alten und ungesunden Glaubenssatz zu verändern.

Übung:
Du bist liebenswert

Nimm dir jeden Tag ein paar Minuten Zeit, wann immer es dir passend erscheint – vor dem Einschlafen, nach dem Aufwachen, beim Spazierengehen. Sage dir selbst, dass du liebenswert bist, genau so wie du bist. Oder du setzt dich dafür ganz gemütlich hin, schließt die Augen und genießt so deine Zeit für dich besonders intensiv.

Am wirksamsten ist es, wenn du in der zweiten Person mit dir selbst sprichst. Der Satz lautet dann: „(Dein Name), du bist liebenswert, genauso wie du bist.“

Wenn du beispielsweise Lisa heißt, sagst du dir zuerst ein paar Mal laut, dann leiser werdend, dann in Gedanken für gut drei bis vier Minuten immer wieder:

„Lisa, du bist liebenswert, genauso wie du bist. Lisa, du bist liebenswert, genauso wie du bist. Lisa, du bist liebenswert, genauso wie du bist. Lisa, du bist liebenswert, genauso wie du bist. Lisa, du bist liebenswert, genauso wie du bist. Lisa, du bist liebenswert, genauso wie du bist. Lisa, du bist liebenswert, genauso wie du bist. Lisa, du bist liebenswert, genauso wie du bist. Lisa, du bist liebenswert, genauso wie du bist. Lisa, du bist liebenswert, genauso wie du bist. Lisa, du bist liebenswert, genauso wie du bist …"

Wenn du das ein paar Mal gemacht hast, musst du nicht mehr zuerst den Satz laut sprechen, sondern kannst sofort damit beginnen, ihn in Gedanken zu wiederholen.

Störende Gedanken sind normal. Irgendwo in deinem Kopf gibt es bestimmt eine Stimme, die sagt: „So ein Quatsch, das stimmt doch überhaupt nicht!" oder „Lüge, Lüge, Lüge, in Wahrheit bin ich doof, hässlich und der letzte Heuler, den man sich vorstellen kann…" – lass dich davon nicht irritieren! Akzeptiere, dass bei dieser Übung negative Gedanken auftauchen können, registriere sie, schenk ihnen jedoch nicht zu viel Beachtung. Kämpfe nicht mit ihnen, versuche nicht sie zu verdrängen. Fahre einfach unbeirrt fort: „Lisa, du bist liebenswert, genauso wie du bist …"

All das, was du darüber hinaus noch an dir verbessern möchtest, was du im weiteren Verlauf deines Lebens noch dazulernen kannst, wird mit dieser Basis der Selbstliebe viel besser und leichter gehen. Eine persönliche Weiterentwicklung ist aber keine Voraussetzung dafür, dich nicht schon jetzt und hier zu lieben, genau wie du bist. Erfreue dich jeden Tag mehrmals an diesem ganz besonderen Geschenk von dir für dich. Es hilft dir dabei, dich jeden Tag ein bisschen mehr von dem alten Glaubenssatz zu entfernen und zu spüren, zu glauben, zu leben: Ja – ich bin liebenswert, genau so wie ich bin!

Was denkst du?

Wenn du dich abhängig fühlst und verlassen worden bist, ist es das Normalste auf der Welt zu denken: „Ich halt das nicht aus. Das überleb ich nicht. Jetzt ist alles aus. Ich ertrag es nicht. Ich geh die glatten Wände hoch. Ich schlag alles kurz und klein. Ich kann nicht mehr.“ Im schlimmsten Fall denkst du sogar: „Ich kann ohne ihn oder sie nicht mehr leben. Ich bring mich um.“

Was immer an Gedankenstürmen in dir auch toben mag – mach dir bewusst: Zuallererst sind das jetzt Gedanken. Gedanken, die du jetzt hast. Gedanken, deren Wahrheitsgehalt für dich überhaupt nicht zur Debatte steht. Und genau hier ist es wichtig dir klarzumachen:

Ja, so denke ich jetzt. Ja, das sind meine Gedanken.

Dann geht es darum zu überprüfen, wie angemessen, wie realistisch diese Gedanken sind. Wenn deine Gedanken tatsächlich so drastisch sind, nimm dir das Handwerkszeug professioneller Krisenberaterinnen und Krisenberater zur Hilfe und überprüfe, ob das, was du denkst, auch angemessen und realistisch ist.

Folgende Fragen können dir dabei helfen, Abstand zu deinen Gedanken zu bekommen und verschiedene Aspekte zu beleuchten:

Ist das, was ich jetzt gerade denke, objektiv wahr?

Ist das, was ich jetzt gerade denke, hilfreich dabei, mich so zu fühlen, wie ich es möchte und das zu tun, was ich tun möchte?

Ist das, was ich jetzt gerade denke, das, was ich meiner besten Freundin, meinem besten Freund raten würde zu denken?

Was würde ich einer Freundin, einem Freund in genau dieser Situation raten?

Ist das, was ich jetzt gerade denke, die einzige Möglichkeit über das, was gerade geschehen ist, zu denken?

Was würde eine unbeschwerte Person jetzt denken und tun – jemand in genau derselben Situation?

Manchmal lassen sich auch tiefsitzende, zerstörende Gedanken durch Gedanken der entgegengesetzten Art aufweichen. Besonders effektiv ist es, wenn sie sich als Ohrwurm in dein Gehirn schleichen. Ja, Lieder wiederholt anzuhören, die einen gesunden Text haben, hilft dabei.

Hör dir etwa das kraftvolle Lied „I will survive" mehrmals hintereinander an und beobachte, was es mit deinen Gedanken macht. Schau, ob der Gedanke „Ich werde es nicht überleben!" noch genauso überzeugend in dir arbeitet, wenn du dreimal gehört hast:

Ich werde es überleben!

Wovon träumst du?

Wenn wir über **Träume** und Wünsche sprechen, wirken diese oft diffus oder unerreichbar. Im Alltag denken wir nicht viel über sie nach, sondern kümmern uns eher um kleinere Dinge wie den Einkauf, die Arbeit, den Haushalt, Kinder oder Enkelkinder, die Planung der nächsten Woche. Doch es ist sinnvoll, dir ab und zu deine Lebensziele bewusst zu machen, um deinem Leben eine Richtung zu geben oder auch veränderte Prioritäten zu erkennen.

Egal ob zum Geburtstag, zum Jahresstart oder einfach so: Nimm dir regelmäßig Zeit dafür, dich zu fragen, was du erreichen möchtest. Schreibe deine Gedanken auf und male dir genau aus, wie dein Leben aussehen würde, wenn du dieses Ziel erreichst. Sei dabei möglichst konkret: Wie sieht dein Zuhause in dieser idealen Welt aus? Wie stehst du auf, wie sieht dein Tagesablauf aus? Wie fühlst du dich? Wenn du dir klare Bilder statt abstrakte Ziele vorstellst, kann dein Gehirn diese viel besser verarbeiten – und hält sie bereits für real.

Du entscheidest, was du dir wünschst

Eine schöne Übung ist es, ein Interview mit deinem Ich in zehn Jahren zu führen. Manchmal entstehen durch die Antworten deines Zukunfts-Ichs, die in diesem erdachten „Gespräch“ entstehen, neue Erkenntnisse. Gewisse Wünsche gestehen wir uns nicht sofort ein, weil sie möglicherweise nicht „vorzeigbar“ genug erscheinen. Durch diese Übung können diese zum Vorschein kommen.

Vielleicht entsprechen deine Träume nicht der gängigen Vorstellung, weil sie nicht dem Leistungsgedanken unserer Gesellschaft folgen. Wir haben gelernt, immer mehr Erfolg zu haben, immer weitere Reisen zu machen und immer teurere Dinge zu kaufen. Doch manchmal sehen unsere tiefsten Wünsche ganz anders aus. Wünschst du dir mehr Zeit für dich und deine Liebsten, auch wenn das bedeutet, weniger Geld zu haben? Willst du deinen Job kündigen und etwas völlig anderes ausprobieren? Wünschst du dir, endlich ohne schlechtes Gewissen ein zweites Stück Torte zu essen und deinen Körper zu mögen, wie er ist? Möchtest du lernen, Ukulele zu spielen? Deine Wünsche müssen keinem Ideal entsprechen, sondern sollten Zufriedenheit in dir auslösen.

Visualisiere deine Träume: Nutze die Kraft der Bilder

Wenn du dir deine Wünsche, Träume und Ziele bewusst machst, ist es sinnvoll, dass du dir diese nicht nur abstrakt, sondern so bildhaft wie möglich vorstellst. So kann dein Gehirn die Informationen viel besser erfassen, denn Bilder werden 60.000-mal schneller verarbeitet als Texte. Sei so konkret, wie du kannst, und nutze alle Sinne: Was wirst du sehen, hören, schmecken und riechen, wenn du dein Ziel erreicht hast? Eine starke Vision führt dazu, dass dein Gehirn sie bereits für real hält.

So programmierst du auch den Wahrnehmungsfilter deines Gehirns. Täglich prasseln tausende Eindrücke auf dich ein, aus denen dein Gehirn automatisch die für dich passenden Informationen herausfiltert. Frauen mit Kinderwunsch haben beispielsweise oft das Gefühl, nur noch Schwangere zu sehen. Diesen Effekt kannst du für dich nutzen: Wenn du dein Ziel klar vor Augen hast, wird dein Kopf automatisch genau die Dinge fokussieren, die dir dabei helfen, deine Träume wahr werden zu lassen.

Übung:
Bucket List

Stell dir vor, dass du mit einer soeben diagnostizierten unheilbaren Erkrankung nur noch neun Monate zu leben hättest. Was würdest du tun, anstatt die restliche Lebenszeit in tiefer Depression zu verbringen? Was müsstest du noch unbedingt sehen, erleben, tun wollen, bevor dein Leben zu Ende geht?

Nimm dir eine Stunde Zeit und notiere dir alles, was dir persönlich wirklich, wirklich wichtig wäre. Suche in der Tiefe deines Bewusstseins nach all den „Ja, man könnte mal …“, nach all den „Ja, es wäre schön …“, nach all den „Als Kind wollte ich unbedingt einmal …“ und nach den „Bevor dieses Leben zu Ende ist, möchte ich auf jeden Fall wenigstens einmal …“. Diese Überlegung kann dir viele Türen öffnen und sie kann dir Klarheit bringen, was dich wirklich, wirklich erfreut, wovon du träumst und was dir ganz persönlich glückverheißend erscheint.

Übung:
Lebensfreude-Collage

Eine andere Technik, die dir im wahrsten Sinne des Wortes deine Träume vor Augen führen kann, ist die Lebensfreude-Collage. Diese zweite Technik zusätzlich zu der ersten Übung zum Einsatz zu bringen hat folgenden Hintergrund: Wenn du eine schriftliche Stoffsammlung erstellst von Lebensbereichen, die für dich mit Lebensfreude verbunden sind, findet die Überlegung dazu überwiegend in deiner linken Gehirnhälfte statt. Diese „linkshemisphärische Stoffsammlung" kannst du sehr gewinnbringend ergänzen durch eine „rechtshemisphärische Stoffsammlung" mit Bildern, die du ganz intuitiv auswählst.

Nimm dazu einfach fünf, sechs Zeitschriften und eine Schere. Dann leg dir einen großen Bogen Papier oder ein Poster bereit. Bereichere dein Lebensfreude-Atelier mit schöner, angenehmer, dich belebender und inspirierender Musik und los geht's! Blättere die Zeitschriften genüsslich durch. Du entdeckst Worte, Überschriften, Bilder oder Symbole, die bei dir eine Resonanz auslösen, bei denen du eine positive emotionale Reaktion bemerkst. Wenn du spürst „Hmmm, dieses Bild hat was, diese Überschrift spricht mich an, da habe ich ein gutes Gefühl, ja, dieses Symbol fasziniert mich", dann schneide einfach das entsprechende Bild, die Überschrift, den Bildausschnitt aus und lege es zur Seite.

Nachdem du aus allen Zeitschriften deine Lebensfreude aktivierenden Ausschnitte, Überschriften, Worte, Sätze, Symbole und Bilder herausgeschnitten hast, klebe sie auf die Rückseite des bereitgelegten Papiers.

Die so entstandene Collage kannst du an die Wand hängen – am besten an einen Platz, wo du sie möglichst oft im Blick hast. So kannst du das, wovon du träumst, deine Lebensfreude-Inspirationen immer wieder, über Wochen oder Monate, auf dich wirken lassen. Wann immer dir liebe und wichtige Menschen zu dir kommen, lass sie wissen, was dich bei den einzelnen Bildern, Symbolen und Sätzen auf dieser Collage angesprochen hat.

Zusammen mit deiner schriftlichen Stoffsammlung hast du dir jetzt ein umfassendes Bild all deiner Träume erstellt, all der Lebensbereiche, die für dich mit Lebensfreude verbunden sind. Eine Stoffsammlung, bei der deine linke und deine rechte Gehirnhälfte, dein Herz und dein Verstand, deine verbalen und deine nonverbalen Anteile zu Wort gekommen sind. Den meisten Menschen auf dem Weg zu ihrer emotionalen Freiheit macht diese Art der Stoffsammlung viel Spaß und sie haben viel Freude beim Erstellen ihrer Collage. Diese Stoffsammlung soll dabei helfen, dir wieder viele deiner Träume bewusst zu machen und viele deiner Ressourcen zu aktivieren. Entdecke all die kleinen und großen Glücksinseln in deinem aktuellen Leben wieder, jenseits der vermeintlichen Glücksbereiche, die dich emotional unfrei sein lassen.

Wo sind deine Grenzen?

Gute, freundschaftliche, enge, liebevolle Beziehungen zu haben und gleichzeitig dem anderen Grenzen zu setzen, schließt sich das nicht gegenseitig aus? Wir brauchen beides – doch wie kriegen wir das unter einen Hut?

Es erfordert auf jeden Fall jede Menge Arbeit, Kommunikation und den Willen, aufeinander zuzugehen. Eine gesunde Beziehung (egal, ob zu Partner oder Partnerin, zu den Eltern oder im Freundeskreis) basiert auf gegenseitigem Respekt, Verständnis und der Bereitschaft, auf die Bedürfnisse und Grenzen des anderen einzugehen. Indem du diese Aspekte in deinen Beziehungen berücksichtigst, kannst du eine Balance zwischen Verbundenheit und dem Schutz deiner eigenen Grenzen finden.

Manche Menschen meinen, emotionale Freiheit dadurch bewahren zu können, indem sie einen unüberwindbar hohen Grenzzaun um sich herum aufbauen – aus Angst vor Verletzung, aus Angst vor Nähe. Grenzen sind da, doch keine Beziehungen. Manche können damit gut leben, andere leiden unter ihrer Einsamkeit. Wieder andere dagegen schaffen es nicht, Grenzen zu setzen aus Angst vor Ablehnung oder aus Sorge, den anderen zu verletzen und dadurch womöglich sogar die Beziehung zu gefährden. Beziehungen sind also da, doch viel zu oft unter Missachtung eigener Bedürfnisse.

In einem Seminar über verschiedene Formen des Begrüßens machten wir hierzu eine erstaunliche Entdeckung, die dabei hilft, dieses Dilemma auf einer tiefen menschlichen Ebene zu überwinden: „Guten Morgen“, „Guten Tag“, „Guten Abend“ waren der Anfang einer Kaskade dutzender und aberdutzender europäischer, afrikanischer, nord- und südamerikanischer, australischer und asiatischer Begrüßungsformeln in den 195 Ländern dieser Erde.

Wir hatten schon mehrfach gehört, dass indische Geschäftsleute oft ungewöhnlich scharf argumentieren und ihre Verhandlungsgrenzen intensiv zu verteidigen wissen, ohne dass dabei Feindseligkeit den Verhandlungsraum erfüllt.

So wurden wir hellhörig bei der indischen Form der Begrüßung:

„Namasté." – „Ich verneige mich vor der Unendlichkeit in dir."
„Ich verneige mich vor der Göttlichkeit in dir."

Und dem Erwiderungsgruß: „Namasté" – „Auch ich verneige mich vor der Unendlichkeit in dir, auch ich verneige mich vor der Göttlichkeit in dir."

Dies scheint ein Schlüssel zu sein, um den Konflikt zwischen Nähe zulassen und Grenzen setzen zu überwinden. Du kannst einen anderen Menschen wertschätzen, sogar liebend mit ihm tief verbunden sein, und dennoch Grenzen setzen.

Wenn du die tiefste Essenz des Gegenübers in dir präsent hast und dir dies bei jeder Begrüßung durch solch einen Gruß immer wieder vergegenwärtigst, dann wird es einfach, mit Grenzen umzugehen: „Hey, ich mag dich wirklich gern, aber jetzt trittst du mir gerade auf die Zehen. Das tut mir weh. Gehe bitte einen Schritt zurück!"

So kannst du klar sagen, welches Verhalten du ablehnst und welches Verhalten du dir stattdessen wünschst. Achte dabei darauf, dass du diese grundsätzliche Wertschätzung nicht nur in dir selbst präsent hast, sondern sie auch nach außen transportierst. Das kann durch deine Wortwahl, deine

Stimmlage, deinen Gesichtsausdruck, deine Gestik oder eine Umarmung geschehen. Ein Nein ist so viel leichter zu akzeptieren – auch für dich selbst in der umgekehrten Situation.

In der Überzeugung um den gleichen Urgrund, den du mit deinem Gegenüber teilst, kannst du in tiefer Verbundenheit dem anderen klar und deutlich deine Grenzen in vielen Bereichen an der Oberfläche des Lebens aufzeigen. Sich daran zu erinnern ist ebenfalls ganz besonders wichtig, wenn du bisher Angst vor Nähe hattest aus Furcht davor, emotional abhängig oder gar verletzt zu werden. Auch und vor allem dann, wenn du den anderen sehr liebst und ihm aus tiefstem Herzen zugetan bist, darfst du, kannst du und sollst du dich frei fühlen, immer dann klar Nein zu sagen, wenn es für dich wichtig ist. In dieser Sicherheit, dass du jederzeit fähig und willens bist notwendige Grenzen zu setzen, ist es dir um so vieles leichter möglich, entspannt, berührbar und offen in Nähe, Liebe und Gemeinsamkeit zu fließen.

Wertschätzung hilft, die Grenzen des anderen zu akzeptieren.

Mit dieser Sichtweise grundlegender Wertschätzung kannst du jetzt auch für dich selbst entspannt bleiben, wenn dein Gegenüber seine Grenzen klar aufzeigt und deinen Wünschen und Anliegen gegenüber nicht offen ist. Es bedeutet nicht, dass du als der Mensch, der du bist, abgelehnt wirst. Es bedeutet einfach, dass der andere das, was du jetzt möchtest, nicht möchte.

Und da, wo dein Gegenüber meint, nicht mehr mit dir zusammen sein zu wollen, weil du nicht immer genau das gut findest und akzeptierst, was dein Gegenüber von dir möchte, verlierst du nicht wirklich jemanden, der dich geliebt hat. Du verlierst nur jemanden, der es angenehm fand, dass du nicht du warst.

Erinnere dich in jedem Moment daran, dass ein aufrichtiges und tief empfundenes Nein ein Ja zu dir selbst ist: ein Ja zu deinen eigenen Bedürfnissen, ein Ja zu deiner eigenen seelischen Gesundheit, ein Ja zu deiner emotionalen Freiheit.

Wenn du ein Problem mit Grenzen hast, probiere doch einmal aus, was sich für dich verändert, wenn du innerlich deine für dich übliche Begrüßung erweiterst, mit:

„Namasté." – „Ich verneige mich vor der Unendlichkeit in dir."

„Namasté." – „Ich verneige mich vor der tiefsten Essenz in dir."

Woher kommst du?

Deine Biografie zu kennen, dich zu erinnern, bei wem du dich geborgen gefühlt hast, wem du vertrauen konntest, ist ein wichtiger Faktor für emotionale Freiheit. Auch dir der negativen Einflüsse aus deiner Vergangenheit bewusst zu werden ist hilfreich, um gezielt neue emotional befreiende Denkmuster aufzubauen.

Übung:
Begleiter der Kindheit

Niemand ist eine Insel, schon gar nicht ein Kind. Welche Menschen waren in deiner Kindheit für dich da? Wer hat für dich gesorgt, dich unterstützt, dich getröstet, gefördert und inspiriert? Von wem hast du gelernt und was? Wem kannst du dankbar sein? Und wofür genau? Denke an deine Familie, an Großeltern, Verwandte, Lehrerinnen und Lehrer, deinen Freundeskreis, Klassenkameraden, Nachbarinnen und Nachbarn ... Mit wem hattest du Spaß? Mit wem hast du deine Sorgen geteilt?

Steige tiefer ein in dieses Thema und schreibe dir genau auf, was dir dazu einfällt. Vielleicht hast du auch Lust, in alten Fotoalben zu blättern, und findest das eine oder andere Bild, das du zu deinen Notizen legen möchtest. Vielleicht machst du sogar eine kleine Collage, inklusive dem Verpackungspapierchen deiner Lieblingskaugummis oder einer spontanen kleinen Zeichnung. Lass deiner Kreativität freien Lauf und erkenne, wer dich in deiner Kindheit geprägt hat. Du wirst überrascht sein, wen du im Laufe der Jahre vergessen hast und bei welcher Erinnerung es dir ganz warm wird ums Herz.

Vielleicht kommen dir bei deiner Reise in die Vergangenheit aber auch unangenehme Erinnerungen in den Sinn. Nicht alle in der Vergangenheit waren nett zu dir, haben dich liebevoll behandelt. Dann mach dir bewusst: Ja, ganz sicher kommst du aus deiner individuellen Vergangenheit – mit deiner Lebensgeschichte, mit deinen bisherigen Lebenserfahrungen. Ganz sicher haben dich deine vergangenen Erfahrungen, deine kulturellen, religiösen, familiären Konditionierungen geprägt. Aber all das hat dich definitiv nicht für die Zukunft unveränderlich festgelegt in deinem Denken, Fühlen, Erleben und Verhalten.

Denk immer daran, dass das, was du heute ganz bewusst anders tust, anders denkst, anders fühlst, deine Vergangenheit von morgen sein wird. In einer Woche, in einem Monat, in einem Jahr wirst du definitiv eine andere Vergangenheit haben als heute. Nämlich die neue Vergangenheit, die genau hier, genau jetzt, genau heute beginnt. Sie beginnt mit deiner neuen emotionalen Freiheit, das zu tun, was du tun möchtest, und das nicht mehr zu tun, was du nicht mehr tun möchtest.

Egal wie lange du in Deutschland rechts gefahren bist, du wirst in einem Jahr genauso entspannt in England links fahren können, wenn du ab heute jeden Tag links fährst. Und es ist ganz natürlich, dass es sich erst einmal schwierig, komisch, ja falsch anfühlen wird, wenn du links fährst. Und dennoch wirst du dieses „falsche Gefühl" nicht als Grundlage nehmen, um in England rechts zu fahren, damit du dich wieder gut und vertraut fühlen kannst beim Fahren auf der linken Seite.

Wenn du für dich beschlossen hast, dass du dir emotionale Freiheit schenken möchtest, wirst du dich entsprechend konsequent verhalten. Auch wenn manchmal alles in dir schreit, wieder in das alte vertraute ungesunde Verhaltensmuster zurückgehen zu wollen.

Erstelle dir eine Liste neuer, gesünderer Einstellungen, mit denen du deine dich behindernden Glaubenssätze entmachten möchtest. Und erstelle dir eine Liste der neuen Verhaltensweisen, die deinen alten dich behindernden Verhaltensweisen entgegengesetzt sind. Also ersetze zum Beispiel „Ich bin zu doof, das lern ich nie." durch: „Übung macht den Meister, das kann ich wohl lernen, wenn ich konsequent übe!" Oder anstatt in einer Gruppe immer eine der letzten zu sein, die etwas sagt, dir vorzunehmen und es auch zu tun, immer bei den ersten zu sein, die einen Beitrag leisten.

Die größte emotionale Freiheit liegt für die meisten von uns allen darin, uns selbst zu verzeihen, wenn wir wieder einmal doch nicht so konsequent waren, wie wir es uns vorgenommen haben.

Emotionale Freiheit kann sich umso leichter entwickeln, je liebevoller, verzeihender und humorvoller du auf dich blicken kannst – vor allem, wenn du wieder einmal in alte Muster zurückgefallen bist. Vielleicht kann dir hier schon allein die Wortwahl helfen: In der Suchttherapie sprechen wir schon lange nicht mehr von einem „Rückfall", sondern immer nur von einem „Vorfall", wenn altes ungünstiges Verhalten wieder aufgetreten ist. Das ist ein kleiner, aber feiner Unterschied. Denn mit all dem, was du jetzt schon gelesen hast, mit all dem, was du jetzt schon Neues gedacht und getan hast, kannst du gar nicht mehr in den unbewussten, unwissenden Zustand „rückfallen", aus dem du gestartet bist.

Ja, es kann Vorfälle geben, unter denen du dich so verhältst, als hättest du nichts dazugelernt. Nach einem solchen Vorfall lohnt es sich deshalb immer, genau hinzuschauen: Was ist da draußen in der Welt wirklich passiert? Wer hat was gesagt oder getan? Was habe ich daraufhin gedacht, gefühlt und getan? Wenn so eine Situation noch einmal auf mich zukommen sollte, was kann ich dann das nächste Mal anders machen? Was kann ich das nächste Mal anderes denken? Wichtig ist nicht, wie oft du wieder und wieder hinfällst, wichtig ist, wie entschlossen du bist, wieder und wieder aufzustehen.

Der Schauspieler Kevin Costner (genau der, der mit dem Wolf tanzte) soll einmal gesagt haben: *„Erfolge feiern kann jeder. Aber der Misserfolg ist eine absolut unterschätzte Erfahrung. Wenn du nicht aufgibst, kannst du genau daraus am meisten lernen."* Und noch beeindruckender formulierte es Michael Jordan, der wohl bekannteste Basketballspieler der Welt. Viele Autorinnen und Autoren sind immer wieder fasziniert von seiner Beschreibung, wie er mit Rückschlägen und Fehlern auf seinem letztendlich so erfolgreichen Weg umging:

„Ich hatte während meiner Karriere mehr als 9000 Fehlwürfe. Ich habe fast 300 Spiele verloren. 26-mal hat man gehofft, dass ich den spielentscheidenden Wurf mache – und ich habe nicht getroffen. Ich habe in meinem Leben wieder und wieder versagt. Und trotzdem bin ich wieder raus aufs Spielfeld gegangen. Deshalb hatte ich Erfolg."

Also, vergiss nie: Dein Weg wird nicht nur von Erfolg zu Erfolg, sondern auch von Fehler zu Fehler zur Meisterschaft führen. Aus Fehlern wirst du aber nicht automatisch klug, jedoch aus nachfolgend genauer Analyse und neuem Handlungsplan schon. Den hilfreichsten Satz sagte kürzlich in einer Gruppentherapiestunde eine Teilnehmerin zu einer anderen, die berichtete, welchen Mist sie in der letzten Woche wieder einmal veranstaltet hatte:

„Verplempere deine Zeit nicht mit Schuldgefühlen! Mach´s ab jetzt einfach besser!“

Sei nicht zu hart zu dir und gib niemals auf. Bleib liebevoll und humorvoll mit dir. Erlaube dir, den bekannten Werbeslogan für dich abzuwandeln, und sage dir: „Ich befreie mich von meinen alten, emotional unfreien Überzeugungen und Verhaltensweisen! Nicht immer – aber immer öfter!“

Was tust du für dich?

Selbstfürsorge – kommt dir das auch manchmal vor wie ein Modebegriff, der schon beinahe inflationär verwendet wird? Es gibt unzählige Ratgeber, Artikel und Social-Media-Posts, die über die Bedeutung der Selbstfürsorge sprechen und verschiedene Tipps und Techniken anbieten. Vieles davon mag dir für den eigenen Alltag unrealistisch vorkommen. Das kann aber vor allem daran liegen, dass du niemals gelernt hast, für dich selbst zu sorgen. Stattdessen wurdest du wahrscheinlich ermutigt, dich um andere zu kümmern, ihre Bedürfnisse vor deine eigenen zu stellen und dich selbst zurückzunehmen. Das wiederum kann mit bestimmten Glaubenssätzen und gesellschaftlichen Erwartungen zusammenhängen – vielleicht hast du den Glauben verinnerlicht, dass Selbstfürsorge egoistisch ist oder dass du es nicht verdienst, dir selbst Zeit und Aufmerksamkeit zu schenken.

Lass dir an dieser Stelle gesagt sein: Selbstfürsorge ist keine Selbstsucht! Ganz im Gegenteil, es ist eine grundlegende Notwendigkeit, um dein körperliches, emotionales und geistiges Wohlbefinden zu erhalten. Nur wenn du dich selbst gut umsorgst, kannst du auch für andere da sein und dein volles Potenzial entfalten.

Bleibt die Frage, wie diese Selbstfürsorge aussehen soll? Die Antwort ist einfach: Tue all das, von dem du weißt, dass es richtig ist. Und lass all das bleiben, von dem du tief in dir weißt, dass es nicht gut ist für dich. So einfach und klar ist das. Du bist die Meisterin deines Lebens. Du bist der Meister deines Lebens. Du hast dich 24 Stunden dabei. Niemand kann mehr für dich tun als du selbst. So tu es. Und lass all das bleiben, womit du dir selbst schadest.

Wenn du dich fragen solltest: „Aber wie kann ich – jenseits dessen, was ich genau weiß, was mir guttut und was nicht – herausfinden, was für mich toxisch ist und was nährend?", dann ist unsere Antwort:

Höre auf deinen inneren Kompass und lerne, auf deine Intuition zu vertrauen.

Frage dich immer wieder: Wie fühle ich mich jetzt? Du kannst das tun, während du ein Telefonat führst, in einer Besprechung oder mit Freunden in einer geselligen Runde sitzt. Spüre in dich hinein, nachdem du gejoggt bist, Yoga gemacht hast oder nach deinem ersten Date nachhause kommst.

Achte auf deinen Körper. Jeder von uns hat ganz spezifische Körpersignale, die uns zeigen: „Aha, jetzt fühle ich mich wohl, das tut mir gut" und „Oha, jetzt fühle ich mich unwohl, das tut mir nicht gut". Der Fachausdruck dafür ist „somatische Marker". Somatische Marker äußern sich beim einen etwa so, dass er die Luft anhält, wenn etwas unangenehm wird, bei der anderen als das berühmte mulmige Gefühl im Magen bis hin zu Magenschmerzen. Und in Bezug auf dein Wohlfühlen kennst du ganz sicher deine körperlichen Signale, die dir zeigen, dass du dich jetzt wohlfühlst: Wenn du dich mit jemanden wohlfühlst, lehnst du dich entspannt zurück, deine Schultern sind entspannt, deine Bauchdecke ist weich, ebenso wie deine Lippen entspannt aufeinanderliegen oder sogar lächeln – auf keinen Fall jedoch zusammengepresst aufeinanderliegen. Wenn du dich wohlfühlst und merkst, dass dir das Zusammensein mit deinem Gegenüber guttut, verspürst du keinerlei Leistungsdruck und spürst, dass du einfach und entspannt ganz du sein kannst. Du fühlst dich im Flow.

Ein fließendes inneres Grundgefühl tritt bei den meisten Menschen ein, wenn sie etwas tun, was ihnen guttut, oder mit jemandem sind, der ihnen guttut. Achte auf deine somatischen Marker, achte darauf, was sich bei dir im Körper härter, angespannter und schwerer anfühlt, wenn dir etwas nicht guttut. Und achte darauf, was sich bei dir im Körper leichter, fließender, entspannter anfühlt, wenn dir etwas guttut.

Öffne die Tür weit für all das, was dir guttut.

Tipps für eine gesunde Selbstfürsorge

Verbanne alle harsche Selbstkritik und zeige Selbstmitgefühl.
Weigere dich, dich selbst zu kritsieren oder klein zu machen. Lerne dich zu akzeptieren, wie du bist – mit deinen Fehlern. Wenn sich der Kritiker in dir zu Wort meldet, dann entgegne ihm: „Danke für deine Meinung. Ich sehe das anders." Ende der Diskussion. Habe Verständnis für deine Fehler und Schwächen. Selbstmitgefühl ist wichtig.

Jage dir nicht selbst durch deine Gedanken Angst ein.
Stärke dir selbst den Rücken und sprich dir Mut zu, wenn du zweifelst oder verzweifelt bist.

Habe Geduld mit dir.
Sei nachsichtig mit dir, wenn du etwas Neues lernst und es nicht auf Anhieb klappt.

Lobe dich.

Lobe dich – auch für kleinste Fortschritte auf dem Weg zu mehr Selbstliebe. Kritik zieht dich runter, Lob baut dich auf.

Habe Nachsicht mit deinen Schwächen.

Mache dir bewusst, dass wir alle Schwächen und Fehler haben. Sie werden nicht besser oder verschwinden nicht, wenn wir uns dafür kritisieren. Sei also toleranter mit dir, deinen Fehlern und Schwächen.

Schenke dir selbst häufig ein Lächeln.

Wann immer du in den Spiegel schaust, lächle dir liebevoll zu und sage dir: „Hallo."

Schließe Freundschaft mit dir und stehe an deiner Seite.

Gute Freunde helfen und unterstützen sich, gute Freunde bauen auf und motivieren, gute Freunde haben ein offenes Ohr für Sorgen und Nöte. Sei dir selbst ein guter Freund und unterstütze dich.

Wofür bis du dankbar?

Dankbarkeit mindert und verhindert Negativität und Depressivität. Indem du dich bewusst darauf fokussiert, was im Hier und Jetzt gut ist, statt es als selbstverständlich hinzunehmen, lenkst du deinen Blick auf das Positive im Leben. Gleichzeitig mindert und verhindert Dankbarkeit Angst. Denn du richtest deine Aufmerksamkeit bewusst darauf, was hier und jetzt gut ist, statt darauf, was in Zukunft Gefährliches geschehen könnte. Durch Dankbarkeit entstehen positive Gefühle, die deine Selbstwertschätzung und Handlungsmöglichkeiten erweitern.

Übung:
Dankbarkeitslisten

Um dir über unterschiedliche Bereiche deines eigenen Lebens bewusst zu werden, können dir Dankbarkeitslisten helfen. Nimm ein Blatt Papier und schreibe jeweils ein Dankbarkeitsthema darüber. Dann nimm dir drei Minuten und schreibe auf, was dir dazu einfällt – stelle dir den Timer deines Smartphones oder die Eieruhr und lass dir so lange immer noch mehr einfallen, bis es beziehungsweise sie klingelt. Mögliche Themen für deine Listen können sein:

Geschenke der Natur: Erinnere dich an deine schönsten und wichtigsten Naturerfahrungen und schreibe auf, wofür du der Natur dankbar bist.

Wasser: Welche Freuden hat Wasser in seinen vielfältigen Erscheinungsformen in dein Leben gebracht? Schreibe auf, was dir dazu einfällt.

Tiere: Werde dir der langen, langen Liste deiner positiven Erfahrungen mit und durch Tiere bewusst und halte sie fest. Die Spiel- und Mußestunden mit Haustieren, ebenso wie die Begegnung mit Tieren in der freien Wildbahn.

Begleiter in der Kindheit: Welche Menschen waren in deiner Kindheit für dich da? Wer hat für dich gesorgt, dich unterstützt, dich getröstet?

Spätere Wegbegleiter: Wem aus deinem Erwachsenenleben hast du zu danken – für Freundschaft, Liebe, Rückhalt, für praktische Hilfe, für gemeinsames Lachen und Weinen und für gemeinsam bestandene Abenteuer?

Geistiger Input: Welche Philosophen, Künstler, Wissenschaftler, Forscher, Schriftsteller und deren Bücher haben dir neue Welten eröffnet? Welche Musiker und deren Musik begleiten dein Leben? Welche Kunstwerke faszinieren und beglücken dich?

Zivilisation und Technik: Bei allen Fehlern und Mängeln im System, begib dich dennoch auf eine innere und äußere Forschungsreise und entdecke den Wert der vielen lebensunterstützenden Errungenschaften der Zivilisation in deinem Alltag, für die du dankbar bist.

Ressourcen: Schreibe auf, was du in deiner inneren Schatzkiste hast, was dich im Leben voranbringt hin zu mehr Lebensfreude und Erfüllung. Das kann so viel sein ... dein Humor, dein klarer Verstand, deine Offenheit, deine sozialen Fertigkeiten, deine Kreativität, dein Mut ...

Körper: Was schätzt du an deinem Körper, der dir die Erfahrungen des Menschseins überhaupt erst ermöglicht? Hast du eine gute Koordination, Balance, körperliche Geschicklichkeit? Kannst du tanzen, Rad fahren, schwimmen, sprechen, arbeiten, sehen, hören, riechen, schmecken, küssen? Und was gefällt dir an deinem Körper? Was findest du selbst schön, was loben andere an deinem Aussehen?

Aktuelle Lebenssituation: Notiere all die Details, die dein aktuelles Leben bereichern oder erleichtern. Was an Gutem da ist in deiner aktuellen Lebenssituation. Nahrung, Kleidung, Dach über dem Kopf – ist vermutlich vorhanden. Höchste Zeit, das wertzuschätzen! Wie sieht es aus bei den großen Themen Liebe, Familie, Arbeit, Gesundheit? Und wie bei den Kleinigkeiten, die zu einem guten Leben beitragen: etwa, dass du bequem mit dem Rad zur Arbeit fahren kannst oder dass deine Wohnung auch an den heißesten Tagen schön kühl bleibt?

Goldene Momente: Erlaube dir, die Erinnerungen an die Goldnuggets in deinem Leben wachzurufen und aufzuschreiben – die Situationen, in denen du tiefe Seinserfahrungen machen durftest, goldene Momente, ganz besondere Erfahrungen – *Gipfelerlebnisse*, wie Abraham Maslow sie nannte. Ob in der Meditation, bei einem Waldspaziergang, in inniger, liebender Umarmung, beim ekstatischen Tanzen oder Musizieren, bei der Geburt deines Kindes oder tatsächlich beim Erreichen eines Berggipfels.

Diese Listen helfen dir dabei, bewusst zu werden, wie viele gute Dinge es in deinem Leben gibt. Verwahre die Listen dann an einem sicheren Ort. Denn besonders hilfreich ist es, an dunklen Tagen immer wieder einmal darauf zu schauen.

Übung: Dankbarkeitstagebuch

Eine gute Gewohnheit, um Dankbarkeit in deinen Alltag zu integrieren, ist außerdem, ein Dankbarkeitstagebuch zu führen: jeden Abend einen Rückblick halten, den Tag in Gedanken noch einmal Revue passieren lassen, die freudigen, schönen Beobachtungen und Erfahrungen des vergangenen Tages innerlich noch einmal einblenden. Auch die kleinen, manchmal unscheinbaren Ereignisse erinnern, die diesen unerwarteten Lichtstrahl in den vermeintlich grauen Alltag zu bringen vermochten – das ist die Funktion eines Dankbarkeitstagebuches. Positive Erfahrungen sind dadurch vorhersagbar zu erwarten. Schreibe für eine Woche, einen Monat oder 108 Tage jeden Abend drei, vier, höchstens fünf Beobachtungen und Erfahrungen des vergangenen Tages auf, für die du heute dankbar bist.

Beispiele für solche abendlichen Dankbarkeitseinträge können sein:

Wem oder für was ich dankbar bin:

- dem Vogel, der mein Erwachen so schön eingeleitet hat mit seinem fröhlichen Gezwitscher
- dem Zauber des Kaffees, dessen Duft mir heute beim Aufwachen in die Nase gestiegen ist
- den freien Parkplatz gefunden zu haben, ohne lange suchen zu müssen

- der Kasse, die im Supermarkt genau in dem Moment neu geöffnet wurde, als ich mit meinem Einkaufswagen ankam
- dem kleinen Kind, das mich aus seinem Kinderwagen heraus angestrahlt hat
- dem wunderschönen Sonnenaufgang
- dem Abendrot
- dass mir unter der Dusche die tolle Geburtstagsgeschenkidee eingefallen ist
- meinem Kater, der mich heute Abend getröstet hat, als ich völlig frustriert nach Hause kam

Wer hat die Kontrolle?

Der Bus kommt zu spät, die Kollegin ist krank, der Grillabend fällt wegen Starkregen ins Wasser – schon im Alltag zeigt sich immer wieder, dass wir über bestimmte Dinge einfach keine Kontrolle haben. Wir müssen sie hinnehmen, wie sie geschehen. Worüber wir aber ganz sicher die volle Kontrolle haben, ist, wie wir auf äußere Umstände reagieren.

Vielleicht begegnest du Situationen oder Verhaltensweisen anderer, die dir nicht angenehm sind. Vielleicht erlebst du dich selbst zum wiederholten Mal dabei, wie du etwas tust, was du nicht möchtest, oder du tust etwas nicht, obwohl du möchtest. Dann ist dein Motto ab heute:

Change it, love it or leave it!

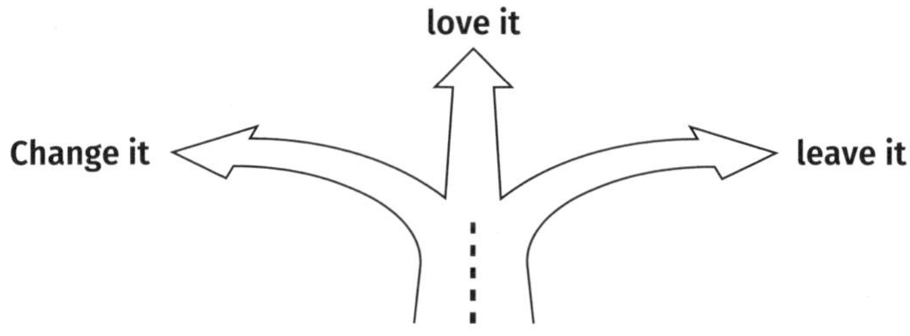

Du hast die Kontrolle über DEINE Reaktionen auf Situationen, die dir unangenehm sind und die dich deiner emotionalen Freiheit berauben. Entscheide dich in jeder Situation ganz bewusst, ob du die Situation als solche verändern möchtest, ob du sie bewusst akzeptieren möchtest oder dich dazu entscheiden möchtest, sie zu verlassen.

Falls du dich dazu entscheidest, die Situation zu verändern, prüfe, ob es in deiner Macht liegt und ob der Aufwand in einem guten Verhältnis zum voraussichtlichen Ergebnis steht. Falls ja, tue, was es zu tun gibt, und erobere dir deine emotionale Freiheit wieder zurück. Falls du die Situation als solche nicht zu ändern vermagst – auch nicht mit der Hilfe von anderen, überlege, ob du den Weg der radikalen Akzeptanz wählen willst. Denn du kannst die Kontrolle über eine nicht veränderbare Situation auch erlangen, indem du dich ganz bewusst dafür entscheidest, sie zu akzeptieren. Sie so zu nehmen, wie sie ist, und es leicht zu nehmen. Ist eine Situation aber nicht veränderbar und du möchtest sie auch nicht akzeptieren, kannst du die Situation immer noch verlassen. Du kannst die Kontrolle über eine nicht akzeptable und nicht veränderbare Situation auch erlangen, indem du dich entscheidest, das Feld zu verlassen. Nicht mehr zur Verfügung zu stehen.

Und selbst für den Fall, dass du unangenehme Situationen nicht ändern kannst oder möchtest und sie nicht akzeptieren oder verlassen kannst oder möchtest, gibt es immer noch eine Möglichkeit, mit der du die Kontrolle auch über solche Situation ausüben kannst:

Du kannst dich bewusst dafür entscheiden, diese Situation als Speziallektion des Lebens zu sehen. Als Möglichkeit, daran zu wachsen und zu lernen, wie du alte Glaubensmuster und behindernde Verhaltensgewohnheiten verändern kannst. Immer dann, wenn du dich entscheidest, eine für dich schwierige Situation als Lernmöglichkeit zu sehen, hast du den Steuerhebel wieder in der Hand. Du entscheidest dich zu lernen. Du entscheidest dich, die Situation als Herausforderung zu deinem persönlichen emotionalen Freiheitswachstum zu sehen.

Also, auch wenn es auf den ersten Blick nicht danach aussieht: Du hast immer die Kontrolle. Nicht immer über das, was auf dich zukommt, aber immer darüber, wie du darauf reagierst und wie du damit umgehst. *Change it, love it or leave it.* Oder übernimm die Kontrolle, indem du die schwierigsten Situationen als die Herausforderungen des Lebens an dich ansiehst. Dann lerne, was es zu lernen gilt, um deine Fähigkeit zu steigern, in emotionaler Freiheit zu leben.

Was ist jetzt?

„Sei im Hier und Jetzt, sei im Hier und Jetzt, sei im Hier und Jetzt...!" – wahrscheinlich geht es dir wie vielen anderen auch: Du kannst diesen Satz nicht mehr hören. Nicht in dieser Plattheit, nicht in dieser Plakativität. Du fragst dich vielleicht ernsthaft: „Wie bitte geht das? Was ist so schlecht daran, über Vergangenes nachzudenken und Zukünftiges zu planen?" Ja, wir sind es von klein auf gewohnt zu denken: „Wenn ich erst in den Kindergarten komme, wenn ich erst einmal in die Schule komme, wenn ich erst einmal mit meiner Ausbildung fertig bin, einen guten Job habe, endlich alles in meinem Leben realisiert habe, was ich mir wünsche ..., dann, ganz genau dann werde ich wirklich glücklich sein!"

Wirklich? Die Erkenntnis all derer, die sich auf der tiefsten Ebene Gedanken gemacht haben über die Wege zu einem erfüllten, emotional befreiten Leben, kamen ausnahmslos alle zu der Erkenntnis: „Das Morgen kommt nie!" Dieses ominöse Morgen wird wieder ein Heute sein. Dein Leben findet nirgendwo anders statt als im Hier und Jetzt. Der beste Weg, dich konstant unzufrieden zu halten, besteht darin, jetzt darüber nachzudenken, was vorhin war oder nachher sein sollte. Damit entgeht dir das, was jetzt ist. Vergeude deine Zeit nie mit Warten.

Achtsamkeit und Wertschätzung für den Moment zu haben bedeutet nicht, dass du keine Zukunftspläne, Wünsche oder innere Vorstellungen haben darfst. Jedes Mal, wenn du dich in ein Auto, einen Bus oder eine Bahn setzt, wirst du wahrscheinlich ein konkretes Ziel haben. Möchtest du deshalb alles in dir ausschalten, bis du dort bist? Ist der Weg dahin kein Teil deines Lebens? Interessant ist, dass Busreiseunternehmen neben den angepriesenen Fahrten zu beliebten Zielen wie Venedig, Amsterdam, Paris oder Hamburg auch immer wieder etwas ganz Besonderes anbieten: eine Fahrt ins Blaue.

Übung:
Ein achtsamer Moment

Nimm dir einen Moment Zeit für dich und deine Umgebung. Wenn du magst, schließe die Augen und widme deine volle Aufmerksamkeit dem gegenwärtigen Moment. Du bist im „Jetzt" präsent, weder Vergangenheit noch Zukunft sind wichtig. Richte deine Aufmerksamkeit auf das, was jetzt da ist:

Was denke ich jetzt?

Was fühle ich jetzt?

Wie verhalte ich mich jetzt?

Was genau geschieht jetzt um mich herum?

Was sehe, höre, rieche, taste oder ich jetzt?

Auch wenn du im Alltag viele Ziele hast, bleibe aufmerksam für das Hier und Jetzt. Bewege dich in deinem Leben wie auf einer konstanten Fahrt ins Blaue. Erlebe in jedem Moment so bewusst wie möglich, was es zu sehen gibt, zu hören, zu riechen, zu spüren, zu schmecken. Wo immer der Bus auch hinfahren wird, die Reise wird irgendwann ein Ende haben. Die Essenz der Essenz einer Fahrt ins Blaue besteht ja eben darin, dass du jede Minute der Reise bewusst und aufmerksam in dir aufnimmst: das Prasseln des Regens auf dem Bus, genauso wie den genialen Ausblick auf die Landschaft nach einer Biegung und den Kaffeeduft bei den Fahrtpausen. Das geht tiefer als auf der Fahrt hin zu einem Ziel, das du innerlich ungeduldig erwartest. Es gibt keine Enttäuschung über die Diskrepanz zwischen der vorgefundenen Realität und deiner inneren Vorstellung davon.

Lass dich innerlich immer wieder von der Liedzeile des amerikanischen Liedermachers Rick Stanley einladen „Start to beginn from where you are – what is not here is nowhere at all …“. Ja, beginne immer von genau hier, von genau dort, wo du jetzt bist – denn das, was hier und jetzt nicht da ist, ist auch sonst nirgendwo.

Wie bleibst du auf Kurs?

Nun hast du die letzten Impulse vielleicht gut umgesetzt und löst dich Schritt für Schritt aus deinen emotionalen Abhängigkeiten. Dennoch kann es immer wieder passieren, dass du einen „Rückfall" erleidest – dass du ein Verhalten zeigst, das du eigentlich schon längst hinter dir gelassen hattest. Das kann passieren, sind doch diese Reaktionen noch immer in dir angelegt und waren jahrelang der Weg der Wahl. Gerade in stressigen Zeiten greifst du dann wie im „Autopilot" darauf zurück. Auslöser, die dich erneut in vertraute, alte Bahnen bisheriger emotionaler Abhängigkeiten zurückwerfen, sind meist besondere Situationen:

- Du hast Streit mit einem Angehörigen oder soziale Konflikte am Arbeitsplatz.
- Du wirst körperlich krank und verbringst viel Zeit in deinem Bett oder in sozialer Isolation.
- Du verlierst deine Arbeit.
- Eine bestehende Partnerschaft löst sich auf.
- Es können aber auch so banale Dinge sein wie Tage, an denen mal wieder alles schief geht: Du bist mit dem falschen Bein aufgestanden. Dein Lieblingsparkplatz wird dir vor der Nase weggeschnappt, du hast deine Brotzeitbox zuhause vergessen, deine Lieblingspizzeria hat wegen Urlaub geschlossen und keiner der Menschen, mit denen du jetzt gerade Kontakt haben möchtest, ist erreichbar. Wenn dann auch noch die Heizung ausfällt oder das Wasser wegen Reparaturarbeiten abgedreht wird, ist meist Schluss mit innerem Seelenfrieden und Gelassenheit.

Wenn dich Wut, Angst, Trauer, Sorgen, Verzweiflung, Hoffnungslosigkeit, Enttäuschung – kurzum, intensive negative Emotionen durchfluten, dann gilt es besonders achtsam zu sein, um auch mit solchen besonderen Situationen bewusst umzugehen.

Wundere dich nicht, wenn du ausgerechnet in solchen Situationen das ganz starke Bedürfnis in dir verspürst, dich wider dein besseres Wissen erneut dem Feld deiner emotionalen Abhängigkeit zuzuwenden. Oft kündigt sich der tiefe Wunsch, wieder in altes vertrautes Verhalten zurückzugehen, durch körperliche Warnsignale an: Achte auf massive Unruhe, Aufgewühltheit mit Herzrasen, Durchfall oder Verstopfung, Hitze und Kältewallungen oder Schlafstörungen.

Erinnere dich in solchen besonderen Situationen an folgendes:

- Ein „Rückfall" in alte Verhaltensmuster gehört zum Prozess der Befreiung und ist keineswegs ein Beweis dafür, dass du es nie schaffen wirst.

- Schon allein, dass du dein Verhalten als „Rückfall" in alte Muster wahrnehmen kannst, ist bemerkenswert. Erkenne auch diese Leistung als Erfolg an und motiviere dich, weiter an deiner persönlichen Entwicklung zu arbeiten.

Aber die Haupttechnik, mit diesen intensiven Wellen negativer Emotionen umzugehen, besteht dann kurzfristig darin, dich abzulenken:

- Rausgehen, Joggen, Fahrradfahren

- Etwas tun, das deine Aufmerksamkeit bindet (etwa Radio hören, Fernsehen oder auf Zeitungsseiten bestimmte Worte zählen)

- Körperliche Reize wie ein Vollbad nehmen, warm oder kalt duschen

- Kaugummi kauen

Finde für dich selbst die Ablenkungsstrategie, die am besten zu dir passt. Oft kannst du so den Impuls unterdrücken, in eine alte Verhaltensweise zurückzukehren.

Ist dein Leben jedoch mehr und mehr eine Serie besonderer, immer wiederkehrender negativer Situationen und ist „normal" eher die Ausnahme, dann gilt es genau hinzuschauen. Erforsche, was die im Hintergrund vorliegenden Ursachen für das gehäufte Auftreten sind. Ansonsten werden diese kurzfristigen Ablenkungsstrategien auf Dauer wenig bringen, da sie sich schnell abnutzen und wirkungslos werden. Langfristige Alternativen, um auch in besonderen Situationen stabil zu bleiben, sind beispielsweise die Grundregeln der Burnout-Prävention. Auch hier gilt: Such dir die Verhaltensweisen, Gewohnheiten und Maßnahmen aus, die deiner Persönlichkeit entsprechen. Du musst nicht alles auf einmal umsetzen, sondern kannst dir die Dinge aus der Liste picken, die dich besonders ansprechen. Gestehe dir dann entsprechend Zeit zu, um diese Gewohnheiten einzuüben.

- Nimm dir regelmäßig – am besten jeden Tag – Zeit für dich, Zeit für Stille, Zeit für Nichtstun, Zeit für Selbstrückbezug.

- Sorge dafür, dass du dir jede Nacht ausreichend viele Stunden Schlaf gönnst. Finde heraus, wie viel Schlaf du wirklich brauchst – das kann je nach Persönlichkeit sehr variieren.

- Kümmere dich gut um deinen Körper: gute Ernährung, ausreichend Bewegung, wohltuende Massagen – achte darauf, was dir guttut.

- Finde ein Hobby, das dich erfüllt, und nimm dir regelmäßig Zeit dafür.

- Pflege deine sozialen Kontakte, knüpfe und erneuere gesunde Beziehungen zu Freunden und Menschen, die du liebst.

- Überdenke dein Engagement – egal ob im beruflichen oder im privaten Kontext. Gib nur so viel Zeit, Energie, Kraft oder Herzblut, wie du wirklich entbehren kannst.

- Setze dir realistische Ziele.

- Trenne bewusst die Zeit, in der du arbeitest, von der Zeit, in der du dich anderen Bereichen deines Lebens widmest. Freizeit ist freie Zeit.

- Stecke deine persönlichen Grenzen klar ab und lerne, sie höflich, aber bestimmt zu kommunizieren. Ein „Nein“ zu anderen Menschen ist oft ein „Ja“ zu dir selbst.

- Lebe dein EIGENES Leben.

- Vertraue auf die Weisheit deines Körpers – er weiß, wann es genug ist.

- Behalte deinen Sinn für Humor. Das Leben ist leichter, wenn man es mit einem Augenzwinkern betrachtet.

Auch unsere Denkanstöße können dir in schwierigen Zeiten helfen, auf Kurs zu bleiben. Sie können dich in schwierigen Zeiten anstupsen und deinen Gedanken eine neue Richtung geben. Vielleicht magst du dir einen mitnehmen, in Gedanken festschreiben. Möglicherweise schreibst du ihn dir auch wirklich auf und platzierst ihn gut sichtbar in deiner Wohnung, im Auto oder im Büro. Such dir aus unseren Top Five den Denkanstoß aus, der dich am meisten anspricht:

Fünf Denkanstöße für die Seele

Es ist, wie es ist, aber es wird, was ich draus mache.

Ich kann meine Vergangenheit ändern. Heute ist die Vergangenheit von morgen.

Möchte ich wirklich meine eigenen Bedürfnisse zurückstellen vor den oftmals nur vermuteten Bedürfnissen der anderen?

Andere dürfen mit mir unzufrieden sein. Davon geht die Welt nicht unter.

Ich kritisiere nur das Verhalten des Gegenübers, nie seine Person. Andere können nie mich als Person kritisieren, sondern nur mein Verhalten.

Erkenne, dass du losgelassen hast

Der Weg zur inneren Freiheit ist ein individueller Prozess, der sich von Person zu Person sehr unterschiedlich gestaltet. Es gibt keine einheitliche Blaupause oder vorgefertigte Lösung, wir alle müssen unseren eigenen Weg finden. Dafür brauchst du in erster Linie Zeit. Außerdem Mut zur Selbstreflexion sowie die Bereitschaft, dich mit deinen inneren Mustern, Glaubenssätzen und emotionalen Herausforderungen auseinanderzusetzen. Erlaube dir, Fehler zu machen und aus ihnen zu lernen. Sei geduldig mit dir selbst und akzeptiere, dass Veränderungen Zeit brauchen. Es ist eine Reise des persönlichen Wachstums, bei der du dich stetig weiterentwickelst und neue Erkenntnisse gewinnst.

Zeit für dich selbst nehmen, klingt das jetzt egoistisch für dich? Nein! Es ist in Ordnung, für deine eigenen Bedürfnisse zu sorgen! Indem du Zeit für dich selbst nimmst, sammelst du Energie, baust Stress ab und füllst deine eigenen Ressourcen wieder auf. Du kannst dann wieder besser, dein Umfeld unterstützen und umsorgen. Dein bestes Selbst kannst du erst dann erbringen, wenn du dich vorher um dich selbst gekümmert hast. Selbstfürsorge – und dazu gehört auch, sich von ungesunden Abhängigkeiten zu befreien – ist kein Luxus, sondern eine Notwendigkeit, die dir hilft, ein gesundes Gleichgewicht zwischen deinen eigenen Bedürfnissen und denen anderer Menschen herzustellen.

Letztendlich geht es bei der inneren Freiheit darum, dich selbst zu akzeptieren, dich selbst zu lieben und dein volles Potenzial zu entfalten. Es geht darum, die Kontrolle über dein eigenes Glück und Wohlbefinden zu übernehmen und dein Leben nach deinen eigenen Vorstellungen zu gestalten. Sei mutig, sei authentisch und gestalte deine eigene Reise zur inneren Freiheit. Ganz konkret wirst du an folgenden Anzeichen erkennen, dass du dich aus dem Gefängnis deiner emotionalen Abhängigkeit befreit hast:

1. Du hast aufgehört zu vergleichen.

Du hast nicht mehr ständig dein „Konkurrenzfeld" im Blick, sondern schaust auf das, was dich glücklich macht. Du spürst mehr und mehr: Ich bin ich. Und du bist du. Mein genetischer Code ist einzigartig. Ich bin im wahrsten Sinne des Wortes unvergleichlich. Es gab noch nie zuvor eine solche Person wie mich auf dieser Erde, ja in diesem ganzen Universum, und es wird auch nie mehr dieselbe Person, die ich bin, jemals wieder geben. Nichts von all dem, was ich weiß und kann und habe oder nicht weiß und nicht kann und nicht habe, ändert etwas daran, wer und was ich bin. Ich sehe keinen Grund mehr zu glauben, dass ich nur in Verbindung mit etwas oder mit jemandem leben kann.

2. Du hast aufgehört, ständig die Aufmerksamkeit anderer haben zu wollen.

Du hast gelernt, dich auch allein wohlzufühlen. Dich dem zuzuwenden, was dir guttut – jenseits der Bestätigung von anderen für das, was dir wichtig ist. Es gibt nichts mehr, was du glaubst, unbedingt tun zu müssen, haben zu müssen – oder nicht tun zu dürfen oder nicht haben zu dürfen. Du gehörst zuallererst dir, du liebst dich. Du hast aufgehört, dich ständig um Rückversicherung zu bemühen, ständig ängstlich Ausschau danach zu halten, wie andere das wohl finden, was du jetzt gerade tust, sagst oder denkst. Du fühlst dich frei, das zu tun, was dir nach bestem Wissen und Gewissen in jedem Moment stimmig und angemessen erscheint. Du spürst mehr und mehr: „It´s my life!“ Ja, es ist mein Leben, das zu leben du dich entschlossen hast. Und du spürst tiefer und tiefer: „Born to be myself!“ Ja, du bist hier in diese Welt hineingeboren, um die, der, das zu sein, was du bist! Du brauchst keinen Rückversicherungsblick mehr, um dich gut zu fühlen.

3. Du machst DEIN Ding.

Du hast aufgehört, für deine Karriere, für deine Beziehung oder irgendwelche materiellen Dinge deine anderen Bedürfnisse immer wieder zurückzustellen. Du schläfst, wenn du müde bist, du triffst dich mit Freunden, wenn du möchtest, du nimmst dir Zeit für Kunst, Kultur und Experimente. Du hast Schluss gemacht mit dem Götzendienst, dem Tanz ums Goldene Kalb. Dein Leben hat an Weite gewonnen. Es gibt so viel mehr zu leben als das, was du dich zuvor in emotionaler Abhängigkeit zu leben getraut hast. Dein Leben ist wieder um so vieles bunter und reicher.

4. Dein soziales Netzwerk ist wieder vielfältiger geknüpft.

Du ordnest deine sozialen Kontakte dem Feld deiner früheren Abhängigkeit nicht mehr unter. Für andere Personen bleibt wieder viel mehr Zeit, weil du aufgehört hast, einem einzigen Lebensfeld die absolute Priorität einzuräumen. Deine Tages- und Wochenpläne kreisen nicht mehr um das, was dich völlig in den Bann zieht. Du bist frei. Frei zu planen, was anliegt. Frei zu planen, was dir wichtig ist. Dein Leben ist wieder ein Feld aller Möglichkeiten. Du erkennst, dass du die Gestalterin oder der Gestalter deiner eigenen Realität bist. Du nimmst aktiv am Leben teil, entdeckst neue Wege und öffnest dich für neue Erfahrungen. Die Welt steht dir offen, und du bist bereit, sie mit Offenheit, Neugier und Freude zu erkunden. Vielleicht kribbelt es dir schon in den Fingern, endlich loszuleben.

5. Du kannst mit, aber auch ohne sein.

Dein altes Gefühl des Nicht-ohne-sein-Könnens hat sich aufgelöst.

Es hat keine Macht mehr über dich. Du erkennst, dass du unabhängig und eigenständig bist, dass du nicht mehr krampfhaft an etwas oder jemandem festhalten musst, um dich komplett zu fühlen. Stattdessen fühlst du dich frei. Du hast die Fesseln der emotionalen Abhängigkeit abgeworfen und kannst nun loslassen. Du vertraust darauf, dass das Leben dir die richtigen Dinge zur richtigen Zeit bringen wird. Du bist bereit, mit dem Fluss des Lebens zu fließen und dich ihm hinzugeben.

Loslassen wird für dich zunehmend leichter. Du erkennst, dass es nicht bedeutet, etwas zu verlieren, sondern dass es dir ermöglicht, Fülle und Lebensfreude zu erfahren. Du lässt dich immer wieder fallen, vertraust darauf, dass du sicher und geschützt bist, und öffnest dich für neue Möglichkeiten und Erfahrungen. Du bist nicht mehr von der Angst getrieben, dass das Loslassen zu einem Scheitern oder einer Leere führen wird. Stattdessen erkennst du, dass es dich befreit und Platz schafft für Neues. Du bist bereit, das Leben in vollen Zügen zu genießen und dich von der Freude und Erfüllung leiten zu lassen, die das Loslassen mit sich bringt.

Die gewonnene Fähigkeit, dich fallen lassen zu können, ermöglicht es dir, dich immer mehr dem gegenwärtigen Moment hinzugeben. Du lebst im Hier und Jetzt und genießt jeden Augenblick. Du bist offen für die Wunder des Lebens und bereit, das Beste aus jeder Situation zu machen.

Viel Freude in deiner neuen Freiheit!

Kostenlose Hilfen im Internet

Eigene Wege für ein gutes Leben finden: Unsere Expertenrat-Webseiten unterstützen dich in schwierigen Lebenssituationen ebenso wie im Alltag mit hilfreichen Beiträgen und Tipps, Übungen und Denkanstößen, Videos und Podcasts sowie Selbsttests.

www.palverlag.de
Hilfe zur Selbsthilfe bei Problemen und Krisen, von Burn-out und Depression über Ängste und Süchte bis hin zu Konflikten mit dem Umfeld. Dazu inspirierende Denkanstöße, die stärken, aufbauen und motivieren.

www.angst-panik-hilfe.de
Informationen, Videovorträge, Tests und PDF-Ratgeber zu den meisten Angststörungen für Betroffene und Angehörige.

www.psychotipps.com
Selbsthilfe-Strategien, Trainings und Programme, um sich persönlich weiterzuentwickeln.

www.partnerschaft-beziehung.de
Tipps für eine erfüllte Partnerschaft und Hilfe bei Beziehungsproblemen.

PAL Lebenshilfe-Bibliothek
Ratgeber erfahrener Therapeut:innen

Maja Günther et al.
So findest du innere Stabilität
ISBN 978-3-910253-03-2

Doris Wolf/Rolf Merkle
Gefühle verstehen Probleme bewältigen
ISBN 978-3-923614-18-9

Gert Kowarowsky
Was dir guttut, tut dir gut
ISBN 978-3-910253-06-3

Das Lebensfreude-Tagebuch
ISBN 978-3-910253-02-5

Doris Wolf/Maja Günther
Das Lebensfreude-Training
ISBN 978-3-910253-07-0

Maja Günther/Doris Wolf
Das Geheimnis erfüllter Beziehungen
ISBN 978-3-910253-05-6

Alle PAL Ratgeberbücher sind im Buchhandel erhältlich oder in unserem PAL Onlineshop:
shop.palverlag.de